化解內在衝突，
隨身必備的情緒調節書

佛洛伊德的椅子

프로이트의 의자
숨겨진 나와 마주하는 정신분석 이야기

鄭道彥정도언——著
陳姿穎——譯

修訂版序　歡迎來到精神分析的世界

寫第一本書，就像生育自己的第一個小孩一樣，《佛洛伊德的椅子》正是我為了大衆而寫的第一本書。打從我用文字寫出的第一個孩子誕生起，便受到許多讀者的關注與愛戴；如今，我讓這本書穿上第三版新封面後，再次與讀者相見。

那麼，我到底是在何種心情下寫作本書的呢？仔細回想，我當初之所以決定寫這本書，應該是因為我想用更簡單易懂的方法，說明自己一直以來所鑽研的「精神分析」。

精神分析是一門有時被過度理想化，有時又會受到莫名批評的學問。要了解它並不是一件簡單的事，但我心想：「自己鑽研了這麼久，現在應該可以用比較簡單的方式來說明困難的事情吧？」這才決定提筆。

雖然我認為對寫作來說，文筆是很重要的，但我其實並沒有太多類似經驗，尤其是為研究領域以外的讀者書寫。國中時參加的是美術社，高中則加入了合唱團。儘管過去曾羨慕過身邊因文筆絕佳而出名的朋友；考大學前面臨要選擇文科或理科時，也曾在英文系或醫學系之間糾結猶豫。但幾經思量後，我決定走上精神科醫師及精神分析學家這條路。

雖然本書已經出版了好幾年，但依然受到許多讀者喜愛。他們買下了我在摸索與試誤中寫下的這本書，眞的令我感到十分驚喜。當然，我所感受到的並非只有喜悅；讀者在讀完本書後直接或間接提出的評論中，也有些令我感到驚訝。

曾有讀者說我「這本書寫得太簡單了」，但這句評語反而成爲對我的鼓勵。事實上，要把困難的東西寫得更難很簡單；要是眞的這樣寫，儘管會讓這本書看起來很了不起，卻非常容易讓人覺得「沒什麼印象深刻的地方」。我所遇過一百多位來自世界各國的著名精神分析學家們，全都是十分謙虛的人，他們不斷努力以簡單明瞭的方式說話與書寫；就算遇到不懂的東西，也不會假裝自己知道。

我一直在思考，爲什麼多年來，本書能深受衆多讀者喜愛？我想應該是因爲許多讀者儘管就像不停旋轉的陀螺般，生活在忙碌的現代社會當中，卻仍不斷努力，希望能理解自己內心的趨向。基本上，我們在生活中面臨的困難，是無法僅憑一般的指示、建議、「療癒策略」、同情或同理去解決的。就好比我們周遭雖然有許多輕鬆就能塡飽肚子的速食，但如果想維持健康，就必須攝取精心烹調、熬煮與熟成的食物一樣。

爲了能好好處理受潛意識與衝突支配的內心世界，我們也需要找出能在歲月流轉中讓內在好好「烹調、熬煮與熟成」的方法，我認爲這種方法的代表就是「精神分析」。我花費了十幾年時間以獲得精神分析師的資格；現在，我仍在教育和指導精神分析師的路上持續學習。

我曾想過，自己該如何回報答讀者一直以來所給予的支持與喜愛，後來我所得到的答案，或許就是不斷學習、繼續寫作吧。這些年來，眞的很感謝各位讀者的支持與喜愛；未來，也請各位多多支持！

目錄

2

3

第二個故事 了解潛意識創傷

第三個故事 四處徘徊的潛意識

第四個故事
處理潛意識的五種基本治療方式

「正常人」所指的，其實只是平均意義上的「正常」罷了，
一個人的自我不論在任何情況下，
或多或少都與精神病患者的自我有所相似。

——佛洛伊德

前言　感知自我內心溫度

我是一名醫師，以科別來看，我是一名精神科醫師，但也是一名「佛洛伊德學派」取向的精神分析師。所謂的「佛洛伊德學派精神分析師」，意指師承出生於奧地利的醫師——西格蒙德·佛洛伊德所提出「以精神分析學爲基礎」的精神分析學家。

說到「精神科醫師」，許多人會以爲他們擁有洞察與輕易理解人類內心的能力。這使得有些單純的朋友遇到我時總會特別緊張，一副我會窺探他們內心的樣子。但事實並非如此：對方若未主動說出口，我將永遠無從得知他們內心所想，只能透過對方的臉部表情與行爲約略知曉其心理狀態。

那麼，爲什麼我想成爲一名精神分析師？我曾試著問自己這個問題，畢竟這條路絕非坦途。某天，我覺得自己儘管身爲精神科醫師，但在指導年輕醫師和面對患者時，都有種體力與精神已到極限的感覺。幾經思考後，我決定前往美國聖地牙哥的精神分析研究所深造。

要成爲精神分析研究所的學生，必須經過相當嚴格的審核：首先，必須要有夠分量的推薦信，也必須提交履歷和直接參與治療的臨床案例等資料。承蒙已故紐約西奈山伊坎醫學院（Icahn School of Medicine）的愛德華．約瑟夫教授為我寫了推薦信，託他的福，怎麼都不算年輕的我，才得以成為聖地牙哥精神分析研究所的學生。

即使是現在，我偶爾也會回想起當時的風景：研究室位在一座能俯瞰太平洋的山丘上，只要有一點空閒時間，我就會趕緊驅車前往海邊。沿著坡道往下行駛的同時，太平洋的波濤也離我越來越近，彷彿朝我走來。遙遠太平洋的另一端，就是我的故鄉——韓國。奇怪的是，美國的海邊並沒有韓國海邊的味道；這時的我甚至會有「好像不是我自己」的感覺。

＊　＊　＊

想要成為精神分析師，必須在獲得認證前進行「教育分析」（training analysis），以反思自我、減少內心的陰影。

我躺在精神分析躺椅（couch，精神分析專用的長椅）上看著天花板。房間一角落放著立燈，天花板上則未安裝照明——這是為了讓躺在長椅上的人不至於覺得燈光太刺眼的緣故。昨天我還覺得這張長椅很冰冷，但今天躺下來時，前一個人的體溫似乎也傳到我身上。應該是因爲前一個時段有人接受了精神分析吧！

我腦中想著：「今天該說什麼話呢？」考慮到接受分析要支付的費用與時間，我決定盡量多說一點話比較划算，但不知道是否眞能辦得到。要是我把這樣的想法說出口，不知道精神分析師會怎麼看我？我擔心他會把我當成怪人。

在精神分析研究所，除了我以外，和我同年級的學生還有三人：其中一人是有著自然鬈的男性，他的名字正是大名鼎鼎的「佛洛伊德」（但不是姓氏）；他總喜歡用暱稱叫我，常搞得我不知所措。另一位則是看起來比我更嚴肅的瘦削男性，還有一位是有著圓潤身材與善良心靈的親切女性。我們幾個的共通點是喜歡從販賣機購買自己喜歡的飲料。與韓國不同，美國同學之間的氣氛眞的很冷淡。我猜是因爲大家專注於分析自己的內心，而不太關注與他人之間的關係吧！

上課完全就是美式的研討會。千萬不要期待在這裡還會像以前一樣，由老師說明內容綱要或指出哪裡要畫線畫重點。雖然我不知道美國的學生是不是眞的聽懂了問題才回答，但他們眞的很會說話。因爲非讀不可的指定書籍實在太多，我還上了兩次速讀課。就這樣，從我開始學習精神分析到現在，已經持續了三十多年。

精神分析師就像是一個心靈探索者，今天的我如同往常，陪伴著個案的內心；同時也非常注意自己內在的流動。跟著心的足跡，一步一步慢慢走，純粹地專注於彼此的內心動向。

探索者不是獵人。透過觀察個案糾結煩亂的心，協助他們在清理內心纏繞的部分後重獲自由，這就是精神分析師的工作。但想解開心結並非易事。就像老眼昏花的老奶奶遞過來的一團毛線，即使很困難，也很花時間，還是得有耐心地尋找線頭。因爲如果急躁地拉扯毛線，反而會讓打結的情況更嚴重。但線頭非常細小，很容易藏在線團裡找不到，內心的矛盾根源也一樣，它埋在潛意識裡，不容易被看見。當內心這團毛線被解開的瞬間，我們便會獲得自由。

精神分析是一段非常漫長且密集的過程，需要花費數年時間；每週最少四次、一次至少四十五分鐘以上。之所以必須經歷這個過程，在於每個人的內心都有想改變與不想改變的部分，兩者始終是並存的。這兩顆心就像是兩頭實力相當的公牛，不斷使出全力與對方正面相撞，就算鬥到鮮血直流，卻仍原地踏步。

任何人都會說「我想改變」，但改變不是簡單的事。想要改變，首先得先了解自己的內心；這很難，了解他人的心就更困難了。人與人之間的關係往往糾纏難解，光是一個人的內心就已經夠複雜了，與另一個人建立關係時，其複雜度也會隨之大大增加。此時此刻，我們的心依然生氣勃勃地活動著，而我們也仍然忙於追逐它。你呢？你了解自己的內心嗎？

第一個故事

窺探
被隱藏起來的我

今天的我，內心也像一處戰場，
紛雜的情緒不斷從四面八方展開攻擊。
我的心到底有幾個？
它是什麼模樣，又是什麼顏色呢？

我讓自己躺在佛洛伊德的椅子上——正確來說是「精神分析躺椅」。雖然這張椅子看起來很像沙發，但頭部較高，能讓人在躺下時覺得舒適，彷彿馬上就會睡著似的。精神分析師會坐在躺椅旁的椅子上，位置靠近我的頭，並聆聽我的故事，彼此的距離近到我甚至能聽見他的呼吸。

我開始說自己的故事。其實在我抵達前，一直都在思考「該說些什麼」，但並非所有事情都會依計畫而行；事實上，幾乎從來不會。這意味著「預習」沒有太大效果，因為當我躺在躺椅的這瞬間，我只會說出當下浮現在內心的故事。精神分析師與我之間說好要進行「自由聯想」（free association）。「自由聯想」意指將內心裡浮現的任何想法如實說出。進行精神分析時，「留下可用的、丟掉該丟的」想法是不允許的，因為我們不知道什麼叫做「可用」或「該丟」的；也因為如此，精神分析師才能分析當下我的內心正在發生什麼事。

當然，要對他人說出關於自己的故事相當困難；由於害怕對方拒絕聆聽，所以習慣性地想隱藏這些事。的確，我們很難輕鬆說出這輩子從沒對其他人說過的內心話；光是讓它浮現在腦中，就會令人感到羞恥，也會擔心聽到這些話的精神分析師怎麼看待我。所以，在我接受精神分析的那段時間，我總覺得自己在跟另一個我拔河，決定「到底要不要說這件事」。

好不容易衝破心防的這些話就這樣成為精神分析的營養與組成，就像一邊聽著我的故事，一邊吸取「養分」，好讓自己成長茁壯，這也是為什麼「精神分析」與一般的「諮商」其實是完全不同的東西。當個案說出自己的內心想法時，精神分析師會用語言解析這段內容並整理出其意義後，再回饋給個案或幫助他們更清楚其涵義。

雖然精神分析師聽過我「所有該說與不該說的話」，但就算在其他公共場所遇見了，我們也只會把對方當成不認識的陌生人——頂多是用眼神打招呼的程度。此外，越是在私底下與精神分析師熟識，越容易妨礙分析：越是熟悉精神分析師的個性、喜好、宗教信仰或政治取向，我們就越難說出在對方耳裡可能會覺得不舒服的事。也就是說，為了避免說出與精神分析師有關的內容，到最後很可能會變成很多話都不能說；如此一來，精神分析的過程就會變得非常枯燥乏味。

直到現在，仍有人主張「人類是一種非常理性的存在，我們所思考、感受、判斷的一切都來自於冷靜的理性之基礎」。然而，就算我們努力想透過理性思考，但人類並不是那麼合乎理性的存在，而是感性的動物。

越是相信自己理性的人，心裡越是懷抱著問題。我們的心就像身體一樣需要治療；為了治療，就必須知道哪裡不舒服、怎麼不舒服。而精神分析就像是為了確認這些狀況，仔細探看內心的重要放大鏡。

1

我的心是什麼樣子？

我們的內心就像是冰山。
浮在水面上的，不過是巨大冰塊的一部分而已。

——佛洛伊德

我們常以為，長大成人後，不但輕鬆就能控制自己的想法，要對自己思考的結果負責也是很容易的事。但是當我們真正變成大人後，卻發現事實並非如此。

雖然我認為「自己的心當然要由自己來控制，不能受他人影響」，然而要做到這一點並不容易。因此，我必須做好準備，成為自己內心的「舵手」，要是讓他人任意操控、導致自己的內心受傷的話，那也未免太愚蠢了。

但就算做好準備，也很難好好操控自己的心，因為它會在我不知情的情況下流動。為什麼呢？**這是因為內心深處的潛意識支配著意識之故。那麼，該如何才能探見自己的內心呢？**

這個方法就是精神分析。

精神分析學是西格蒙德．佛洛伊德博士創造的一門學問與治療法。一八五六年五月六日，佛洛伊德出生於奧地利帝國的摩拉維亞（Moravia），父母都是猶太人，當時他的父親雅各布四十一歲，母親阿瑪莉亞二十一歲。在八名兄弟姊妹當中，佛洛伊德不但是長子，也是最聰明的，而父母也非常盡力讓他接受最好的教育。後來，因爲生活條件不如以往，佛洛伊德一家便遷居至維也納。

以優秀的成績畢業於著名高中後，佛洛伊德進入維也納大學醫學系就讀，並於一八八一年畢業。雖然他希望能留在學校擔任教授，但由於條件不符，因此他便成爲神經精神科醫師（在那個時代，神經科與精神科是合併在一起的）。後來，他因爲無法說明歇斯底里病患身體痲痺的症狀而深感陷入瓶頸，於是在一八八五年前往巴黎，向當時歐洲最著名的神經科醫師沙可（Jean Martin Charcot）學習催眠法。返回維也納後，佛洛伊德雖然在病患身上使用了催眠法，卻未獲得顯著效果。

在反覆嘗試的過程中，佛洛伊德試著讓病患自由說出自己爲何遭受如此痛苦的原因，並間接發現這個方法對理解患者的症狀與疾病有顯著幫助，讓他們平常不斷遭抑制的內心深處得以釋放，並藉由話語表達，使得症狀逐漸消失；就像水壩開啓後，禁錮在裡頭的水一下子傾洩而出一樣。舉例來說，不斷被病患內心抑制的「性欲」想打開那道門，長久下來累積成疾，便透過話語來紓解。

「抑制」——意味著「潛抑作用」（repression），意思是「將活的東西掩埋起來」，我們稱之爲「心理動力」（psychodynamic）。這也就是爲什麼以佛洛伊德的精神分析學爲基礎的精神治療大多被稱爲「心理動力治療」（psychodynamic therapy）。

一開始，精神分析學並未獲得學界的認可與關注，因爲「性欲雖然遭到抑制，但卻能在人類不知情的情況下操控人心」這種主張，在禁欲主義與文化盛行的當時，是一種危險又大膽的言論，這也使得佛洛伊德受到比時下網路酸民更可怕的言論攻擊。

即便如此，佛洛伊德並未因外界批判就撤回自己的看法，仍主張「人類受潛意識影響而行動」，反而持續研究人心更深沉的部分，並主張在意識中遭到抑制與拒絕的痛苦會躲進潛意識中，並默默支配著人類，還舉出最能影響人類的代表性動力——「性欲」與「攻擊欲」。

佛洛伊德認爲，精神分析師能透過與病患之間的對話理解對方的潛意識，並藉著他所理解的內容與意識產生連結，進而治療精神疾病。換言之，潛意識這個東西雖然不是佛洛伊德發現的，但他對於發現系統性探索潛意識的方法有極大的貢獻。爲了探索潛意識世界，佛洛伊德所發明的治療方法包括自由聯想、移情作用（transference）與反移情作用（countertransference）的利用，以及夢的解析等。

隨著時間過去，佛洛伊德的影響力擴大到世界各國。在此過程中，佛洛伊德為了躲避納粹的迫害，於一九三八年六月逃亡至英國倫敦。平常喜愛抽雪茄的他後來罹患口腔癌，數度接受手術，最後在一九三九年九月二十三日於倫敦辭世。二〇〇〇年，《時代》雜誌同時將佛洛伊德與愛因斯坦選為「二十世紀偉大人物」。

佛洛伊德從無中生有，在一個不討論「人心」，而是探究哲學或宗教的大時代裡，提出以科學方式理解人類內心此一「精神分析學」的大框架。

批評別人創造的東西是很容易的，這並不是什麼太難的事，因為它就在我們眼前。但以全新的方式創造出看不見或尚未出現的東西，可說是一項開創性的任務，也不是任何人都能做到的。

各位知道放射科醫師與精神分析師的共通點是什麼嗎？就是這兩個領域的專家都不斷努力想看到「肉眼看不到的東西」。在過去，除非透過手術切開身體，否則無法看到體內的狀況；直到發明X光後，才有可能拍攝肺臟或骨頭等部位的影像；後來有了磁振造影，也才能仔細觀看大腦。從這層意義上看，精神分析學就像是「觀察內心的『磁振造影』」。

那麼，接下來就把這套「磁振造影器材」放進我們的內心吧！

初戀，活在「前意識」中

爲了理解人類內心，佛洛伊德選擇從「潛意識」出發。觀察病患後，他發現，在夢境、**幻想、幻覺與說錯話等常見狀況中，可以看到潛意識在內心作用的痕跡**。因此，佛洛伊德將人類的內心世界分爲「意識」「前意識」與「潛意識」；就像把一大塊土地分區，因此也被稱爲「地形理論」。

以首爾爲例。首爾以漢江爲界，以南稱爲江南，以北稱爲江北。若把江北比喻爲意識，當它想跨越到潛意識的世界「江南」時，必須透過橋梁才能實現。

想掌握內心動向時，越是從意識到前意識、從前意識到潛意識，就越困難。「前意識」就像一座橫跨河川的橋，兩邊都設有檢查哨，監視住在「潛意識」地區的居民移動至「意識」地區時的一舉一動。從潛意識跨越到前意識的橋梁守衛非常嚴格地執行著任務；相較之下，從前意識跨越到意識的橋梁守衛則沒那麼嚴格。

當內心遇上危機時，這座橋的警力便會加強。比如說，當我們感受到壓力時，由於平常能輕鬆記住的東西無法跨越到意識的世界，使得人們無法想起任何簡單的事。相反的，當人們喝酒或服用鎮定劑時，「警衛」便會變得鬆懈，平常儲存在潛意識裡的話往往就這樣脫口而出，招來痲煩，並在隔天醒來時備感後悔。

如果舉首爾爲例會讓不住在首爾的讀者感到不悅，那麼也可以用冰山的比喻來說明佛洛伊德的「地形理論」。

意識就像浮在水面上的冰山一角；前意識則像是冰山中段偏水面的部分，不斷試圖想浮上來；而潛意識就像深深隱沒在海平面下的冰塊，也就是在我們潛入海中探索之前，最無從得知，也是體積最大的部分。

「意識」一如字面所示，指的就是我們所意識到的東西，例如現在知道的、所想的事物，像是「那個人的衣服好漂亮」之類的；而現在所交往的伴侶名字也是在意識世界裡。

意識世界的運行所遵循的是「現實原則」，其思考模式與小孩「我說要，就是馬上要」的享樂原則非常不同。舉個例子，假設你有一個喜歡的對象，比起衝動地接近對方，意識會讓你在對方面前表現出誠意及耐心。

意識世界會讓我們的思考模式從孩童跨越到成人，也就是採用「續發思考歷程」（secondary process thinking），是一種依從現實原則、抑制本能衝動，並透過「邏輯」行動的法則。與此相反，「原初思考歷程」（primary process thinking）則是一種缺乏邏輯、依從享樂原則、原始的思考方式，而這也是孩童的思考特徵。正因如此，大人與小孩之間常常溝通不良，也難怪當孩子提出令人意外的問題時，大人總會感到手足無措。

在意識的下一個階段「前意識」中，存放著我們平常不太去想，但只要努力一點就能想起來的記憶與知識。比如說，我們不會一天到晚記得小學時暗戀的導師姓名，直到遇見以前的同學，才會突然想起：「啊！那時候我在暗戀班導，他很會唱歌，名字是○○○。」這段記憶就是來自於「前意識」。記憶要往返意識與前意識之間相對簡單；我們之所以不會完全忘記初戀對象的名字，是因為它仍依稀留在我們的前意識裡。

無法實現的愛，它的名字是「潛意識」

接下來，來探討一下何謂「潛意識」。

潛意識藏在我們的內心深處，無法輕易掀開其面紗。就算想探索潛意識裡有哪些東西，它的大門也不會輕易為我們敞開。潛意識就像一座非常巨大的地下倉庫，會將不能出現在意識裡的東西囚禁起來，有如俘虜一般。遭到禁止的欲望會躲在這裡，無法表現出的性欲與遭到潛抑的攻擊心理也會潛伏於此。換言之，那些無法實現的愛，都被禁錮在潛意識之中。如同電影裡常見的場景，不被社會接受的人會轉入「不見天日」的世界裡，潛意識裡存在著因不適或痛苦而遭到抑制的想法、感受、衝動與記憶。它們一旦從意識或前意識轉至潛意識，想要再回到意識或前意識，可說是相當困難的事。

潛意識依照享樂原則而運作，這意味著它會朝著立即滿足欲望或需求的方向前進。就算知道有件現在做了明天一定會後悔的事，卻還是會爲了滿足當下的需求而行動。

舉個例子。我有個暗戀的對象，但因爲太害羞了，所以無法鼓起勇氣，向對方說出「我喜歡你」，只會偶爾傳傳簡訊；有機會見面時，則會藉機送些小東西，並期望對方能發現我的心意。不料，某天我借酒壯膽，突然做出與平常不同的行爲：我鼓起勇氣，積極地傳達平常無法說出的內心話。

此時，在潛意識與意識之間看守的警衛變得相當鬆懈；原本躲在潛意識的情緒則會藉機跑進意識的世界，並展現出平常無法表達的部分。就這樣，我們就會發現：「啊！原來我還有這樣的一面啊？」

潛意識世界的思考方式就像小孩一樣。在這裡，邏輯不存在任何力量。因此，在意識世界裡無法獲得認可的一切，在潛意識世界都是可行的。好比儘管在大人聽來，孩子們所說的話往往是毫無意義的，但在孩童之間，卻能用這些話語彼此溝通。

在大人耳裡，孩子們所說的話毫無重點，這是因爲大人用自己的續發思考去聆聽小孩的原初思考所致。由於成人的思考已被邏輯局限，因此對大腦而言，要用這種方式去處理孩子的話語是相當困難的——在意識世界裡，潛意識所發出的訊息會被認爲毫無意義。人們常認爲西班牙超現實主義畫家達利（Salvador Dali）的作品看起來很詭異，這是因爲一般人所看到的其實是他展現出的潛意識世界。

潛意識所傳達出的訊息有可能由好幾項資訊雜揉而成，也有可能前後邏輯不通，聽起來就像一段沒有固定模式的話語，給人語無倫次的感覺。此外，也很有可能混淆過去和現在所發生的事。因此，若非經過訓練的精神分析師，要發現潛意識所要傳達的訊息確實很困難。

潛意識就像在心中不斷燃燒的休眠火山，一逮到機會，熔岩便想從火山深處傾洩而出；但內心的防衛機制（defense mechanisms）戒備森嚴，使得潛意識很難衝進意識的世界。然而，即使潛意識的能量並未明顯展現出來，它卻能不斷對我們的日常生活造成重大影響。

潛意識總是突然閃現的。請試著回想一下，你是否有過「夢醒後，發現自己的臉又紅又燙，心中總覺得有哪裡不舒服」的經驗？這個夢是如何表現你的內心呢？

當然，也有些人否定潛意識的存在。時至今日，仍有許多心理學家更關注可從外部觀察到的行為，而非人的內在與精神層面；但隨著可即時呈現大腦活動的顯影技術問世，關於潛意識的研究也越來越蓬勃。

不知道大家還記不記得，俄國生理學家帕夫洛夫有個「就算沒有食物，只要鈴聲一響，小狗就會開始分泌唾液」的實驗呢？有些行為修正理論（behavior modification theory，即操縱制約）學家承認，帕夫洛夫所發現的「條件反射」中，大部分是在潛意識裡完成的。

然而帕夫洛夫認為：就算一隻小鳥的翅膀再完美，若沒有空氣的幫助，牠也無法翱翔在空中；而「事實」就是科學的空氣，科學家若無法發現事實，就無法做出任何行動。

雖然找出科學事實也不是什麼容易的事，但對於精神分析學創始人佛洛伊德來說，找出眼睛看不見、關於內心的事實，同樣是一條十分險峻的道路。

佛洛伊德透過地形理論理解並說明內心活動的原理。他認為，找出遭到禁錮的衝突根源、解開束縛它的鐵鏈，再將它喚回意識世界，是較容易治療精神障礙的方法。因為這個緣故，我們應該盡可能把所有想到的事情告訴精神分析師，而這也就是佛洛伊德所採用的「自然聯想」。

直到今天，「自然聯想」在精神分析中依然扮演相當重要的角色。然而在某個瞬間，佛洛伊德發現地形理論並不完備；儘管他沒有完全拋棄這項理論，但經過多年努力，他終於在一九二三年提出「結構理論」（structural theory）。

我的心由「三個人」構成

結構理論讓我們的心看起來像是由三個人所構成的，分別是：本我（id）、自我（ego）、超我（superego）。

簡單來說，本我是欲望的代言人，自我是仲裁者，超我則是自我理想（ego ideal，意即外在環境所認可的理想自我）、道德、倫理與良心的代言人。本我主張欲望，超我讓我們無法做出被禁止的事或追求理想，自我則追求妥協點。

「本我」的意思是「未知的力量」。英國精神分析學家詹姆斯．史崔奇（James Strachey）將佛洛伊德的作品翻譯成英文時，借用了拉丁文，把佛洛伊德以德文表示的非人稱代名詞「那個」（das Es）譯爲「id」。這意味著我們的內心始終都會受到這股未知力量的影響。佛洛伊德認爲，本我就是受到潛意識抑制的大量性欲與攻擊欲的代名詞。

本我就像是非常衝動的小孩，既原始又自私；能操控本我的則是「享樂原則」——凡是自己想要的東西，就希望能立刻獲得。本我無法忍耐或等待，就像一個必須給他想要的餅乾，才會停止哭泣的小孩。小孩子無法理解「只要自己忍著不吃餅乾，再等一下下就能享受更美味的食物」的道理，因此，當本我的力量越強大，人類就越容易忘記理性，憑藉本能的衝動而行動。換言之，若本我變得強大，那麼內心世界就要開始拉警報了！

德文的「超我」是「das er-Ich」，意思是「在我之上」。由此可知，超我的角色就是從「高處」看著我們，它會仔細觀察並掌握（本我的）欲望的動態，其運作以我們出生後從父母和社會那裡所學來的東西爲基準，就像一位非常嚴肅的父親。

超我形成的基礎來自於「伊底帕斯情結」（即所謂的「戀母情結」），而「伊底帕斯情結」一詞出自索福克里斯（Sophocles）所創作的希臘悲劇《伊底帕斯王》。

伊底帕斯是底比斯國王萊瑤斯之子。由於國王曾獲神諭，表示他將被自己的兒子所殺，於是他下令殺死伊底帕斯。但奉命殺死伊底帕斯的牧人卻一時心軟，伊底帕斯也在輾轉之下，由科林斯王國的國王扶養長大，並視爲己出。

長大後，伊底帕斯知道自己背負著「弒父娶母」的預言，於是離開了科林斯，試圖逃離命運。沒想到伊底帕斯在途中遇見了萊瑤斯，並在衝突中殺死對方，卻不知這個人就是自己的親生父親。後來，他解開了獅身人面像提出的難題、拯救了底比斯，在不知情的情況下與親生母親成婚。

成爲底比斯國王後，伊底帕斯眼見整個國家飽受瘟疫之苦，便派人前往神殿請求神諭，這才知道自己應驗了弒父娶母的預言。認爲自己是諸惡之源、並爲此痛苦不已的伊底帕斯最後刺瞎了自己的雙眼，離開了底比斯。

簡單來說，「伊底帕斯情結」是指三歲到六歲的幼童所經歷、與父母之間的「三角關係」。一開始，孩子雖然喜歡並想獨占異性父母，卻也因爲擔心自己的占有欲會導致另一位父母的報復而感到不安（即閹割焦慮，castration anxiety），於是開始認同與自己同性的父母，並放棄先前的欲望。

在這個過程中，孩子也會開始接受父母的價值觀，並藉此形成自己的價值觀。那些懷疑這種事是否眞的存在的人，只要回想一下自己的童年時期或看看身邊的孩子就知道了——大家幾乎都有吵著「長大後要跟媽媽結婚」或「比起媽媽，爸爸更愛我」的時候。

「超我」是一個資料庫系統；在這裡，有資料與標準來判斷什麼是對錯好壞。這個資料庫分爲兩個資料夾：一個是「良知」，也就是必須遵守的倫理、道德與良心，以及未遵守這些標準時，自己會招來什麼樣的下場；另一個則是「自我理想」，存放著自己想達成或必須實現的願景與夢想。

因此，超我會進行自我觀察、批判及懲罰；當然，超我也會鼓勵自己，讓自己更加奮發向上。若自己的行爲在超我眼中是不道德的，我們將會感到愧疚；若達不到自己所追求的價值或理想，我們則會感到羞恥。

超我若過於強勢，會讓人生變得很辛苦，因爲這表示我們得過著「模範生」的生活。即便不是模範生，若超我過分嚴格，我們也會過著「不知爲何，總是非常緊張」的日子。就算不是什麼該受到指責的事，也會造成「自我鞭策，自我懲罰」的結果。當然，也有那種完全不知變通的超我，這會讓人變得無法妥協、非常頑固且堅持己見，人生當然也就毫無趣味。

反過來說，若超我過於軟弱，來自於本我的本能衝動就會毫無顧忌地不斷湧現，如此一來，便容易變成犯下惡行或經常惹事生非的人，這是因爲「無論我做什麼，軟弱無力的超我都沒有能力阻止」所致。

「自我」的德文是「das Ich」，意思就是「我」。自我就像一名仲裁者，負責在現實生活中協調出能讓本我、超我和現實世界都接受的結果；意思是說，在「無條件想實現自己所有希望」的本我與「高舉道德標準」的超我之間，「冷靜地正視嚴謹現實」的自我會不斷努力地找出合理的解決方法。

舉個例子。「愛上朋友的戀人」是源自本我的行爲，但這時候，超我會說：

「這樣不行，這是不符合道德的行爲，所以，忘記對方吧！」

不僅如此，超我在現實中也會不斷說服並提出要求：「再這樣下去一定會出大事喔！要是朋友知道的話，絕對不會放過你的，放棄吧！」

自我會不斷嘗試在現實、超我及本我之間找到折衷點，而這個協商後的結果稱爲「協調形成」（compromise formation）：「我知道了，那麼今後我將在遠方守護著對方。」

「找出折衷點」正是自我的角色所在，**這是很重要的**。自我有力量，才能承擔痛苦，因此，**培養自我的力量是有必要的**。若想培育出強大的自我，克服困難是不可或缺的經驗。儘管人生有許多快樂的事情，但也會遇到各種難關，在在考驗著我們。而我們要做的，就是不斷練習如何克服並冷靜地正視這些困境。

舉例來說，當我們與戀人分手時，如果一直深陷悲傷之中難以自拔，甚至無法好好打起精神的話，自我的力量便會變弱。自我不夠強大時，就會變得容易受外界影響、優柔寡斷。即使長大成人後，依然無法擺脫母親懷抱的「媽寶」就是最好的例子。

說穿了，「活著」就是反覆進行選擇與解決問題的連續過程，但自我較軟弱的人卻會因爲優柔寡斷、難以決策而平白浪費許多寶貴時間。相反的，自我夠堅強的人除了會相信自己的選擇，執行時也能毫無畏懼！

最重要的是，自我會動員所有防衛機制，保護自己不被潛意識攻擊。舉例來說，無論我們多努力地想忘記失戀的痛苦，它還是會時不時跳出來打擾我們。無論心有多痛，防衛機制都能幫助我們保護自己，對自己喊話：「我才不是一個人！」藉此重新站起來。這樣的力量便是從「自我」而來，是一股能幫助我們在意識世界中戰勝痛苦，並在痛苦中堅持下去的力量。

2

是什麼驅使著我們行動？

攻擊性是一種內在、獨立且本能的性質。

——佛洛伊德

人是怎麼過自己的一天呢？就像是汽車藉由引擎的力量前進，人類為了活下去，也需要動力。

許多人常誤以為，驅動我們的是講求合乎邏輯與道理的「理性」；事實上，非合理性的情緒或感受反而更頻繁地以更強大的力量推動我們。與理性判斷無關，人往往會選擇去做自己喜歡做的事；若是「沒感覺」，那麼就算是再小的事情，我們也不會採取行動；甚至要是心情不太好的話，還可能做出白費力氣或愚蠢的事。

那麼，能讓人們採取行動的內心動力——也就是一般所說的「欲望」——有哪些呢？首先為各位說明一下在心理學家馬斯洛的「需求層次理論」中，與精神分析有關的概念。

人類是一種動物，對我們而言，生存是第一優先的。爲了生存，我們需要攝食與睡眠。肚子餓的時候，我們會去尋找食物，想辦法解決飢餓；拚命吸吮母乳的嬰兒，可說是最具代表性的生命力象徵。

第二優先是安全，換句話說，即爲「無恐懼」狀態。獨處會讓人類感到不安，所以我們群聚而居。對物理上的安全來說，交友與建立家庭也扮演著相當重要的角色。比起離群索居，有鄰居照拂更能讓我們覺得安全，這使得我們努力賺錢，好搬進公寓或大樓裡。

但不是把圍牆築高、用鐵鏈鎖住大門就叫安全；即使身處物理性安全無虞的地方，只要內心失去平衡，就無法讓人感到安全。當我們提到「安全」時，可能只會想到「如何防止危險發生」，但「如何提前因應可能的喪失」也是安全管理的一環。心裡若總是想著「身邊的人不知道何時會離開我」，那麼這個人的內心便是不安全的。

爲了尋覓容身之處而奔波——歸屬感

人類始終不斷在尋找能與自己對話、心意相通的人，所以既想交朋友，也想要談戀愛。喜歡某人，想與某人交往，於是買了情侶對戒，期待能把戒指交給對方的那天到來。然而對方對我似乎毫無興趣，這時，我將有如一顆衛星般，不斷在他身邊打轉；即使心痛不已，依然離不開對方，一心抱著「多想成爲專屬於那人的小星星啊！」的念頭。就像這樣，當人類遭遇痛苦時，難免會做出這種事。雖然看起來很愚蠢，但一切都是「歸屬感」所致。

想知道歸屬感如何讓人們採取行動，可以試著多多參加聚會：小學同學會、國高中同學會、大學同學會、各種社團、線上同好會及粉絲俱樂部、讀書會、學會……各位一定能發現，聚會多到令人驚訝的程度。

但也有可能出現「無歸屬感」的狀況，一般所說的「排擠」就是其中一種。這不見得只會出現在年幼的孩童之間，也有可能發生在大人的世界裡。

「排擠」可分爲消極與積極兩種：「消極排擠」指的是因爲自己不主動參與，而遭他人排擠的狀況，也就是自動放棄與他人在同一個空間相處的意思；畢竟若想獲得歸屬感，說話、行動、習慣與價值觀等都必須與對方相似。

另一方面，「積極排擠」指的是雖想融入他人，但身邊的人反而將自己往外推的狀況。沒有什麼比因爲他人的想法而使自己的歸屬感遭到剝奪更令人痛苦的事了，因此，爲了不讓自己遭到排擠，今天的我們依然努力參加各種聚會，學會如何「刷存在感」，例如傳簡訊、寫email、使用社交平臺並留言回應等。雖然這樣的生活看似無用又辛苦，但歸屬感對於生存與安全而言是相當重要的。

歸屬感的極致是「利他主義」，是一種「即使犧牲自己，也要爲他人做到什麼」的思考與行爲。在精神分析學裡，會將這種「以相反行爲表現出對他人攻擊性」的表現稱爲「反向作用」（reaction formation）。在佛洛伊德之前，就有人曾提出忠告，建議有過度利他傾向的人應該先多多照顧自己與家人才對。一六四二年，英國醫師托馬斯·布朗爵士（Sir Thomas Browne）曾在書中寫道：「慈善始於家中。」意味著歸屬感的根源來自於家庭。

我們也可以將「自我啓發」理解成一種爲了獲得歸屬感而做出的行爲，意即讓想從「世界」獲得歸屬感的我們做出各種行爲——早上起床後，我會上網、閱讀、看雜誌、聽音樂、欣賞繪畫……儘管這些行爲也算是求知欲的表現，但同樣是我們對於「想歸屬於這個世界」的一種表達。從這個層面來看，女性追求美麗、男性追求強壯肌肉，也都具有相同意義；將自己的房間整理乾淨、購買漂亮的裝飾品布置房間，背後的動機也是一樣的，並藉由自己的雙手打造出想歸屬的世界。

保護自己——自尊心

自尊心也是一種能讓人行動的重要動力。**自尊心的意思是「尊重自己、守護自己的尊嚴，不屈服於他人」**。在精神分析學中，自尊心是一個經常被提起的主題，由此可知，自尊心對人類的內心而言，是多重要的養分。

想在別人面前表現出色，就是維護自尊心的一種表現。因此，我們願意拖著上了一天班的疲憊身軀去練習網球或壁球；去唱ＫＴＶ時，爲了讓自己看起來更厲害、更帥氣，會事先找出歌曲的樂譜或音檔，努力練習。

另一方面，自尊心所扮演的角色也隨著時代變遷而有所不同：二十世紀時，許多人因自尊心受損而飽受憂鬱症之苦；到了二十世紀末，比起憂鬱症，自尊心更容易和自戀與人格障礙產生關連。自尊心受傷的結果，不但會傷及對自己的愛，也容易讓性格產生扭曲，走向極端。

聽到「自尊心強」，我們可能會想到個性堅毅的人。那麼，低自尊、內心軟弱的人又是怎樣的人呢？

他們無法認同自己的存在價値，只能依附他人——可能是父母、戀人，或自己所擁有的各種頭銜。不論從哪個角度來看，這些人的自尊心都是這裡缺一角，那裡少一塊的。

對自尊心不足的人來說，他們常會在人際關係上遇到困難。他們想透過其他人的認可以彌補自己不足的部分；但給予認可的對方並不是神，只是一介凡人，使得他們也總是深陷於凡人的矛盾之中。他人所能給予的自尊心補充能量是很難預期的，就像在供電不穩的狀況下，電視機的畫面總是時有時無。就算對方能一直穩定地給予支持與認同，他們還是會對不斷依賴對方的自己感到不安與憤怒，最終導致其他問題出現。

自尊心一旦受傷，就必須要用很大的力氣才能治癒。在這裡，我要提供大家一個非常簡單的方法：請試著在一個令人感到害怕的高處嘗試高空彈跳吧！

我已故的美籍教授在得知自己罹患癌症後，便前往一處可俯瞰太平洋的懸崖上乘坐滑翔翼。罹患疾病——尤其是治療疾病的醫師自己也患病時，對他們來說是一件讓自尊心「跌落谷底」的事。「會跌落，就代表有翅膀」這句話是對的。自尊心也有翅膀，有時高飛，有時下墜。如果只靠一條繩子，在毫無支撐的空中進行高空彈跳，會讓你感到十分恐懼，那麼建議你試著接受躺在躺椅上進行精神分析。

自尊心不只是為了你存在與運作，幫助他人也與自尊心有關。假設某人不顧自身安危，跳下地鐵的軌道救人，那麼這樣的人是怎樣的人呢？

他們擁有很強的自尊心，不但能馬上理解自己所處的狀況，也能靠自己做出判斷，並相信在此判斷下所做出的行動是正確的。

讓人活下去的最佳動力——實現自我

「自我實現」（self-actualization）此一動機也會發揮很大的力量，甚至有人主張，能支持我們、讓我們活下去的最大動力就是「自我實現」——看看大型書店裡滿坑滿谷的自我啓發書籍就知道了。

瑞士心理分析學家卡爾．榮格尤其強調自我實現的概念。心理學家馬斯洛曾說：「第五層的欲望最頂端，就是人類發展的最終目標——自我實現。」教科書上對「自我實現」的定義是「完全實現自己所擁有的潛力」，但我認爲，比起教科書上的定義，我更傾向認爲它是：「爲了盡量實現自己所擁有的潛力而付出努力。」因爲比起結果，過程更重要。實際上，有了過程，才能滿足更多關於自我實現的欲望；同時，若希望獲得滿意的結果，也必須在過程中好好努力才行。

可惜的是，許多深受精神官能症（neurosis）所苦的人往往把重點放在治療結果，而不是過程上，因此浪費了許多人生。就算治療結果不甚令人滿意，但相信自己的潛力、在治療過程中付出努力的人們，最後必定能獲得更多。

那麼，該如何才能知道自己好好地做到「自我實現」呢？這裡有個提示：**若想確實地「實現自我」，就必須準備好坦率接受人生的事實。**

相信大家都有過這樣的經驗：明明就是錯的，卻仍堅持己見，對自己或他人說這是對的。如果有這種堅持己見的情況，就表示我們希望隱藏自己能力不足的弱點。

自我實現欲望強的人不只誠實，也會爲了主導自己的人生而努力。他們不會受他人期待或意見等外界壓力所影響，反而能靠自己做出選擇與行動，也會努力接受「人生就是不斷解決問題的過程」此一事實；面對問題時，比起逃避，也會盡力試圖解決。除此之外，這樣的人還會試著接受自己與他人原本的面貌，而非抱持偏見。這些人不會在名爲「世界」的大海裡溺水，不但能悠遊其中，還會努力成爲一個幽默的人。

韓國有一句俚語：「稱讚能讓鯨魚跳舞。」如果稱讚能讓鯨魚跳舞，身爲人類的我們獲得稱讚時，是否就能像超人一樣飛在空中呢？相信任何人都有過「爲了獲得老師與父母的稱讚而努力念書」的時期，因爲無論在何種狀況下，只要獲得他人的認可，就能讓我們的心情變好。以益智節目的參加者爲例，他們不單純是爲了獎金而參賽，其中也包括想獲得他人稱讚與自我實現的欲望。只要是人，從出生到走進墳墓爲止，都有希望獲得他人認可的欲望。要是你遇到一個聽到別人稱讚他「好久不見，你變漂亮/帥氣了」而板起臉來、表現出不悅的人，請務必告訴我。

事實上，不滿（或不悅）也能成爲行動的動力。因爲當人們處在「滿意」的狀態中，就很難再採取其他行動——對「不足」產生的不滿，會促使我們做出改善。比如說，擁有不幸福的童年，未必會讓人一生都過得悲慘，它對人生帶來的影響也未必都是負面的；這一點從許多名留青史的知名人物都曾度過不順遂的年少歲月就可知道。如果能好好利用這分不滿，或許就有可能成爲讓我們成功的正面力量。

若想將「不滿」當成動力，就必須在訂定目標後持續做出相關行動才行。光是懷抱著夢想，夢想也不會自動實現，反而會讓我們變成「只會抱怨的人」。此外，當我們成功、獲得成就後，也必須懂得如何處理成功後的「虛脫感」。事實上，正因爲有許多人不知道該如何處理這種感受，最後反而讓自己陷入意料之外的陷阱中。

為何老是做一樣的事？

說也奇怪，有時我會反覆做出相同的行為。這項行為是自動產生的，讓我百思不得其解，甚至有次還因此吃了虧。潛意識的力量就是如此強大，與透過意識做出的行為不同，讓人們很難找出為何會在無意識的情況下不斷重複相同的行為。佛洛伊德稱這種現象為「強迫性重複」（repetition compulsion）。

「強迫性重複」意指如同影片重複播放般重溫過去的創傷（包括不斷製造類似的事件，或反覆讓自己置身於相似的情境）。為什麼會發生這種事呢？這是因為我們內心一直認為，自己經驗過的事情日後將有很高的機率再次發生。

「老是對別人說起同一段過往」，說不定你也遇過這樣的人。如果你身邊有不斷向你訴苦、談論過去遭遇的朋友，這就表示他內心的傷口尚未痊癒；那些沒有勇氣付諸行動以求改善的人，單獨在家時，甚至有可能會不斷在夢境或幻想中重複上演相同的情境。

強迫性重複是將內心的疤痕外顯的結果。我們的心也許會因為冤枉、怨恨、可惜……而留下傷口，但畢竟無法在內心貼上ＯＫ繃，只好慢慢等它癒合。我們可以從這些人的潛意識中發現，想克服強迫性重複的動機其實是存在的，只是它躲起來罷了！不是只有外顯的原因才會變成行爲，潛意識始終廣泛且深刻地存在於驅使人類採取行動的動機之中。

促使我們行動的兩大本能

讓人類採取行動的力量有很多，在精神分析學裡，將人類的欲望分爲兩大類。接下來，來看看佛洛伊德所說的這兩大本能驅力（instinctual drives）吧。

佛洛伊德認爲，驅使人類產生行動的本能驅力（指本能欲望的行爲）有兩種：一是**「原欲」**（Libido），**即性欲**，另一種是**「死之本能」**（Thanatos），**也就是攻擊欲**。佛洛伊德一發表「原欲」的概念，便在當時以禁欲主義爲主流的維也納遭受嚴厲的批評。佛洛伊德認爲，人類既不是、也不該是禁欲的存在，並駁斥「人類應是高貴且道德的，不該被視爲性欲的集合體」這種想法。也因此，學界認爲他「掌握人類的方式過於簡化」並提出批判。但如果我們仔細思考，就能發現佛洛伊德的主張有其眞實性。

爲什麼人們總是對藝人或時尚模特兒抱持興趣？是因爲我們總是莫名地羨慕他們嗎？所謂的「美少女熱潮」「韓流帥哥」「健美曲線」又是怎麼回事？如果性魅力不重要，那麼我們之所以鍛鍊身體，難道單純只是爲了健康嗎？

攻擊欲也是如此。若無攻擊性，我們該如何保護自己呢？明知會帶來悲劇，爲何人類依然要發動戰爭呢？爲什麼許多人熱中於拳擊、摔角或綜合格鬥等運動呢？其實，**攻擊欲不只是以他人爲行使對象，也是一種讓人類採取行動的重要動力**。反過來說，當一個人的攻擊欲不足時，他的欲求不但會降低，身心也不會有所作爲。

缺乏攻擊欲的人很難自我保護；換言之，爲了保護自己，每個人都需要一點攻擊欲。當然，過度的攻擊欲可能會不愼傷害他人，或影響自己的人際關係；但有時明知道這一點，卻還是會攻擊他人，這是因爲「攻擊欲過剩」根源於「基於自戀的憤怒」——這樣的人會透過攻擊他人達到愛自己、保護自己的目的。

如果攻擊的目標不是朝著他人，而是自己，又會發生什麼事呢？若眞是如此，我們可能會罹患憂鬱症，嚴重的話還可能造成自殘或自殺。

性欲或攻擊欲並非總是直截了當地展現出來。如果仔細觀察，即使在最細微的眼神或動作中，我們也能找到它們的蹤跡：在學校或職場中，爲了雞毛蒜皮的小事與他人爭執，也是攻擊欲的一種展現。如果我們仔細觀察人們的生活方式，無論結果及事情發展方向如何，我們都會發現，自己很難否認人類行動的能量中確實包含了性欲及攻擊欲。人生中的大部分時候，我們都依附於潛意識的本能驅力。

象徵性欲和攻擊欲的生與滅、愛與恨總是處在一種緊張的關係中。當這四者失衡時，將使人生變得更艱難。因此，爲了擁有自然發展的人生，我們必須學習如何維持性欲與攻擊欲的平衡。

幽默也是一種攻擊

人生在世，難免會遇到不公平或悲傷的事，這些時候，身邊也並非總有人能安慰我們。在這種情況下，我們安慰自己的最佳方法就是「幽默」——就像一場能帶來笑容與愉快氣氛，並且由「我」主導的「內心搞笑演唱會」。

我們所處的這個時代已不像過去，會直接抄起傢伙去攻擊對方。我們是打扮得體、手持筆電的現代人，要是還像原始人一樣，恣意發洩自己的攻擊能量，將會使周圍陷入極大的混亂，也會讓自己無法繼續生存在這個社會。因此，爲了展現攻擊欲，便出現了許多方便的方法，其中一種就是「幽默」（詼諧、滑稽、風趣）；搞笑、喜劇、玩笑、機智問答、腦筋急轉彎……也是一樣。

幽默能減少對方反擊的可能，也能讓自己在不感到罪惡感的情況下表達自身的攻擊欲。

從精神分析學的角度來看，幽默能以「笑容」爲途徑，釋放遭到潛抑的攻擊性能量，也就是爲遭到抑制且幾乎消失的攻擊欲披上僞裝，讓它進入意識世界並享受它。當原始型態的攻擊欲想通過潛意識與意識之間這座橋上的檢查哨時，能讓它搖身一變、順利通過檢查的就是「幽默」。我們會如此關注幽默或搞笑的原因，就在於能藉此獲得間接的滿足。

做出幽默行爲的人其實玩著驚險的遊戲。他們知道，幽默的眞面目是內心某個角落裡被潛抑的攻擊欲，因此也會感受到些微的罪惡感。或許是因爲這樣，他們才能在不笑的狀態下說出有趣又好笑的話吧！當我說出諷刺他人的幽默話語，而他人聽了也哈哈大笑時，我的罪惡感會減少，內心也會因此變得自由。換句話說，我們透過他人的笑容獲得某種程度的「赦免」，同時也藉此方法，在攻擊欲不被發現、成功變身的情況下釋放它。

反過來說，失敗的幽默會讓攻擊欲在毫無僞裝的情況下完全裸露。如此一來，試圖展現幽默的人不但會驚慌失措、覺得難堪，還會深陷罪惡感；聆聽者除了覺得場面完全變冷，也會替對方感到丟臉。

在幽默、搞笑或玩笑中，這些被拿來取笑的對象往往會被視爲無足輕重的存在，因爲這樣才能讓其他人產生優越感，甚至覺得受寵若驚。這些「犧牲者」會讓人覺得彷彿看到兒時尚不成熟的自己，一旦發現自己已然成長，心情就會變得很好。

其中，「玩笑」是一場三角遊戲：開玩笑的人、聽玩笑的人，與被當成玩笑的犧牲者。儘管開玩笑的人能獲得抒發，但必須不感到罪惡，才算一個成功的玩笑。玩笑就像雜耍，成敗僅有一線之隔。若在缺乏熟練技巧與經驗的情況下，貿然開他人玩笑的話，很可能會陷入窘境。在身處重要場合或較艱困的狀況時，爲了避免尷尬而開玩笑，反倒有很高的機率會惹出事端。

越能完美地透過幽默、搞笑及玩笑改變攻擊欲的樣貌，就越能成功。好的幽默能帶來兩種樂趣：解除緊張與遊戲般的愉悅。因幽默、搞笑或玩笑而帶來的笑容能讓心感到自由；心自由了，我們才能笑得更開心，也才能產生理解他人的餘裕。有趣的是，越是抑制攻擊欲的人，他的幽默感往往越好。攻擊欲是人類無法避免的本能，但若能好好控制與調節，就能在收放之間提供幽默生存的空間。

3 人人心裡都有座「警衛室」

請讓「自我」存在於「本我」所在之處。

——佛洛伊德

人心就像一塊豆腐，只要輕輕一碰，就可能搖晃破碎，傷口也需要很長的時間才能癒合。爲了保護如此脆弱的心靈，所有人內心都會另闢一間「警衛室」。這裡常備許多各種作戰策略，稱之爲「防衛機制」。精神分析所指的「防衛機制」是「**遭遇危險、不愉快或欲求不滿時，爲了自我保護而自行運作的適應性行爲**」。

防衛機制生來就是一種非常忙碌的機制：它必須在人活著的每個瞬間對抗找上門來的不安、恐懼、憤怒及悲傷等情緒；爲了保護自己，防衛機制只能不停忙碌。無論是何種情緒，也無論是微風徐徐或強勁暴風，我們都有可能因此跌倒。正因爲如此，防衛機制才必須一直讓我們打起精神，維持心靈之海的平靜。

哪種防衛機制會成爲自己內心的「守護天使」因人而異，取決於天生的氣質、父母所使用的防衛機制、童年困境、用過的防衛機制是否有效等因素。而我們所選擇的防衛機制會融入自己的個性，並伴隨我們一生。

當內心出現不安、羞愧、內疚的跡象，防衛機制就會自動出擊。它們可以阻擋試圖從潛意識跑進意識的衝動，以免導致不安、羞愧或內疚，或是將這些衝動轉化成即使出現也能處理的形式。舉例來說，有個想從江南移動至江北的人，他在檢查哨被查出有異，因此警衛禁止他通過，或是要求他交出違禁品後再過橋。

但如同一味阻斷南北之間的交通路線，可能會發生嚴重問題般，防衛機制也是如此。防衛機制若是過於強勢或太習慣拿出來用，可能會發生問題，例如個性過於僵化固執，無法通融。如此一來，可能會讓人避免建立人際關係、陷於孤獨，導致我們無法掌握現實。因此，就算是再好的防衛機制，要是誤用、過度使用或強度過高，就有可能爲人生帶來各種問題，例如交友、戀愛或家庭等方面的人際衝突。

佛洛伊德所認爲的防衛機制其實只有幾種，後來他的女兒、同時也身爲精神分析學家的安娜（Anna Freud）將父親的防衛機制概念發揚光大；換句話說，原本的戰術清單只有幾種，之後卻發展成飯店自助餐的等級。

那麼，防衛機制到底有哪些呢？

總之，眼不見為淨——潛抑作用

也許你有過類似的經驗：明明曾交往許久，卻記不起那個棄我而去的舊情人姓名。這是因為要是我們一直記著對方，不過是徒然讓自己心痛，所以才選擇忘記對方的名字。就像因為看到對方的照片總會感到悲傷，於是把照片收進抽屜深處，久而久之，連放在哪裡都忘了——這就是「潛抑作用」。

潛抑作用是一種將意識因為難以接受而拒絕的欲望、衝動、想法埋進潛意識的機制，也就是所謂的「活埋」。但是被掩埋起來的東西並未完全消失，而是一直存在於潛意識。儘管它無法以原本的面貌出現，但它會把自己偽裝成一個符號，時不時就露個臉；可能出現在夢境，也可能外顯為身體的某種症狀。

自從佛洛伊德提出之後，潛抑作用就一直是防衛機制的主角之一。而與潛抑作用相反，「壓抑」（suppression）則是一種發生在意識層面的防衛機制，是一種明明知道，卻故意拖延或逃避的機制。舉例來說，和戀人吵架時，往往會因為生氣而關掉手機，故意不接對方的電話。雖然想暫時將對方的存在從心中抹除，但要完全忘記是不可能的，因此我們可以說，「壓抑」就是一種掩耳盜鈴的行爲。

冠冕堂皇的藉口——合理化

各位知道《伊索寓言》中狐狸與葡萄的故事嗎？故事中的狐狸經過葡萄園時，因爲摘不到高掛在棚架上的葡萄，於是說出：「那些葡萄一定很酸，我才不要吃！」

不過聽到這個故事時，可不能只想著「這隻狐狸眞是可憐又愚蠢」之類的。因爲儘管狐狸看似愚蠢，但牠會這麼做，是出於保護自己的自尊。大家應該都有採取類似行動的時候，對吧？所謂的「合理化」（rationalization），就是爲了讓無法接受的事物（包括態度、信念或行動）變得正當而產生的一種理智上的解釋；也就是用合理的理由爲自己辯護，以免感到自責或愧疚。

舉例來說，假設我有個暗戀的對象。雖然想與對方交往，但回頭看看自己當下的各種處境，發現就算告白，被拒絕的可能性仍然很高。要是眞的遭到對方拒絕，我的心一定會很痛，自尊心也會受創。這時候，我需要的就是一串「酸葡萄」。

我會對自己說：「再相處久一點，一定會發現對方不但傲慢，個性也很差；而且太矮了，長相也不是我的菜。」藉此讓自己「清醒」過來。雖然一、兩次可能沒什麼效果，但這種事若反覆發生，就會漸漸讓自己變成「面對戀愛時，總是害怕、卻步」的人。要想讓戀情有所進展，無論如何都需要往前踏出一步的勇氣。

與「合理化」類似的防衛機制是「理智化」（intellectualization）。有時爲了逃避不舒服的感受，我們會用誇大的方式做出看來很理性的行爲。舉個例子，有些人會透過查找與疾病相關的書籍或網路資訊以累積知識，解決對疾病的焦慮。這種情況嚴重時，可能會演變成「慮病症」——這是一種「儘管事實並非如此，但總是把注意力放在『我的身體一定有什麼毛病』，並因此感到憂心及焦慮」的狀況，也是一種無視內心的問題，卻把焦點轉移到身體，再藉此撫慰心靈的做法。

對瘦身的強迫觀念也是一種類似慮病症的行爲：一天到晚不斷在各種網站上搜尋，蒐集各種減重資訊、仔細閱讀相關報導，必須這麼做，才能免除責任或罪惡感，並阻擋隱藏在內心深處的憤怒等本能欲望爆發。當然，也有些患者會透過「理智化」來處理自己對疾病的不安。從醫師的角度來看，這種病患總是令人頭痛，因爲他們會拿知識與醫師「競爭」（好比會對醫師說「可是我在 Google 上看到……」的患者），就像地下鐵的乘客說自己懂得如何駕駛電車一樣，這些人並不會仔細聆聽與觀察自己的內在，始終將目光放在外界；比起「人」，他們對「物品」更加執著，總是見樹卻不見林。

爲何渴望與那人相似？——認同

每個人都有自己的「角色楷模」，爲了成爲自己喜歡與尊敬的人，總會付出許多努力。強力推動這種心理的就是「認同」（identification）。認同是一種讓自我成長，並打造「超我」的重要過程。認同的力量非常強大，人們之所以偏愛購買成功人士的經驗談書籍，也是這個原因：即使自己的日常生活充滿挫折與悲傷，一旦我能認同某些擁有力量和智慧的人，內心便會像沐浴在暖陽之下，感受到舒適與平靜。

認同也能透過共享體驗或集體行動來建立。最好的例子就是「粉絲後援會」之類的同好會，就是一種出於各種原因，讓一群人因爲想「相似於自己喜愛的人」而形成的聚會。即使對象不一定是藝人或知名人士，有時我們仍會模仿自己喜歡的人的說話方式或動作。舉例來說，我們會模仿尊敬前輩的穿著、心儀之人所說或所寫的話。這些舉止之中，除了有自己所抱持的好感，也含有下意識對「要是我這麼做，對方可能會喜歡我」的期待。

「模仿」是一種連結自己和對方的接著劑，但如果做得太明顯，以至於讓對方知道的話，對方可能會因此產生警戒，甚至感到厭惡，因此人們可能會透過「我的意見和你相同」的方式以表達共鳴。然而，認同不是只有正面效果，當我們認同毫無根據的「神祕力量」時，很可能會成爲狂熱分子，稱爲「病態性認同」。

有一種機制與「認同」相當相似且難以區分，即爲「理想化」（idealization）。常在新聞上看到、信徒遭到邪教欺騙的例子就屬於此類。理想化並非只會出現在不理性的人身上。假設有個東西是我們想要卻不可得的，當我們看到擁有此物的人，便會認爲對方比自己要好，這就是「理想化」。

每個人在成長過程中，都會歷經理想化的過程。人類所遭遇的第一次理想化可在與父母的關係中發現：孩童相信身爲成人的父母相當強大，因爲不管面對任何困境，父母都會保護孩子。然而當孩子長大成人後，若過度陷入理想化，就很容易抱持「如果是這個人的話，不管我遭遇什麼樣的困難或精神上的痛苦，他一定都會保護我」之類毫無根據的信念。

只要是人類，多少都有一點點「理想化」的傾向。比如說，小時候的我們壓根無法想像心儀的人竟然也有上廁所這種需求；或是看著電視裡的韓籍聯合國祕書長潘基文先生時，想像自己將來也能在國際機構裡工作等等，這些都是理想化的例子。

只是隨著時間流逝，理想化的「副作用」便會開始顯現。有時候，我們會對自己喜歡並模仿的人物感到失望，並因此覺得遭到背叛，接著便會開始以負面方式批評對方。這其實是很正常的反應，因爲這表示自己在某種程度上也成長了不少。另一方面，我們並不會完全拋棄被自己理想化的人物，而是在包容對方缺點的情況下繼續過著每一天。

重點在於，過度理想化他人，反而會讓我們很難接受自己的缺點，因爲它們會被不斷放大，甚至讓人陷入「不完美就什麼都不是」的錯覺，導致我們無法接納自己原本的面貌，並討厭「不完全，不完美」的自己。然而，成熟的人也必須能看到自己的缺點，因爲世界上沒有任何人是完美的。

若理想化以「愛情」爲名開始呢？就會變成所謂的「情人眼裡出西施」：他人眼中很奇怪的行爲，自己看來卻帥氣不已。直到有一天，對方所做的奇怪行爲突然入不了自己的眼，也開始發現對方的缺點；就連看著對方的臉龐，也感受不到任何幸福，甚至連對方的長相都想不起來……這些其實都是正常的。

當這種情況發生時，重點在於不要因對方不如自己的想像而失望，而是接受這件事，將它視爲自己成長並能看見對方原本面貌的標記，並再次與對方建立良好的關係。如此一來，兩人的愛就能變得更深刻。

相反的，一個過於自戀的人無法容忍「冷卻」的愛，這樣的人會選擇離開，並開始尋找能提供自己更新鮮、更多熱情的人。而這種「受傷的愛情故事」則會不斷重複發生。

有如陳年紅酒——昇華

人類心中住著許多防衛機制。這些防衛機制有如紅酒，各有不同的品質等級：有的已經過長時間熟成，有的則非如此。最成熟的包括前面提過的「幽默」、讚美與利他行爲。正如前面提過的，即使面對衝突，若能適當運用幽默，便能讓我們一笑置之。

「昇華」（sublimation）是指將遭到潛抑的欲望或衝動，轉化爲能被社會認可的適當形式，並以意識所能接受的方式來表達。與將欲望埋進潛意識中的「潛抑作用」不同，昇華的特徵在於將欲望轉化後釋放至意識世界。舉個較極端的例子，有些對人體內部運作感興趣的人，會選擇成爲外科醫師——儘管同樣都會讓人流血，但外科醫師與殺人犯的不同在於，醫師的行爲是拯救性命，算是一種昇華後的結果，才得以爲社會所接受。

在藝術、雕塑、文學或電影中表達性欲、攻擊欲或衝突是很常見的。如果有人堅稱「看電影純粹是爲了追求藝術性，絕未涉及性欲和攻擊欲的替代性滿足」，請務必告訴我。所有電影作品都是導演透過藝術形式將人類本能昇華後的結果，當然也無法完全跳脫欲望的先天限制，也很難在畫面和內容上徹底掩蓋其色情或暴力成分。這時候的電影分級審查機構就充當了「超我」的角色。

佛洛伊德有個身爲名畫家的孫子——盧西恩．佛洛伊德（Lucian Freud）。這位出生於德國的英國畫家有項不尋常之處，就是他曾繪製親生女兒的裸體畫像。我曾在紐約現代藝術博物館看過他的個展，但就算我是個精神分析師，仍很難理解他的意圖。他曾說：「我對身爲動物的人類眞的非常感興趣。」看來，在某種程度上，他似乎繼承了研究人類本能的祖父西格蒙德．佛洛伊德的血脈。

利他行爲（或稱利他主義）指的是爲了滿足他人的本能欲求，主動且持續以建設性的方法幫助他人。但這麼做對自己有什麼好處呢？事實上，這是一種「透過（幫助）他人滿足個人欲望」的代償行爲。比如說，談戀愛時，想幫對方「大改造」，讓他變得更漂亮或更帥氣，這不完全是爲了對方，更多的是爲了滿足自己的欲望。

不成熟的防衛機制

「薄酒萊新酒」（Beaujolais Nouveau）指的是產自法國博酒萊地區、不經陳年的新鮮紅酒。這種紅酒雖然新鮮，但味道缺乏深度。在防衛機制中，也有類似「薄酒萊新酒」的類型。它也許適合使用在青少年時期，但要是成人後仍繼續使用的話，這樣的防衛機制就是不成熟的——說不定許多人身上都還殘留著這些防衛機制的影子呢。

至於不成熟的防衛機制到底有哪些呢？

衝動行為

爲了滿足與某人更親近的欲望，有時我們可能會在衝動、不顧後果的情況下隨便與任何人共度春宵。雖然這看起來像是爲了得到想要的東西而採取的積極行動，但換個角度來看，卻是爲了短暫的親密感而失去寶貴的東西。在這種情況下，一夜纏綿後，名爲「愛情」的幻想也將完全破滅。

像這樣，將潛意識中的欲望和衝動轉化爲行動的現象，稱之爲「衝動行爲」（acting-out）。雖然將潛意識的幻想轉化成行爲能滿足本能欲望，但隨之而來的卻是後悔。當然，這並非刻意而爲，而是在自己完全沒意識到的情況下做出的事。

如果我們因爲覺得無人理解自己的內心，便假裝不在意地隨心所欲生活，這種做法就跟孩子因父母沒滿足他們的要求（買玩具），而躺在玩具店的地板上撒潑、哭鬧沒兩樣。這是毫不思索地將應該用言語表達的痛苦情緒轉化成行爲。另一方面，透過衝動行爲來控制自己並與他人溝通是有極限的：這種行爲不但傷人傷己，也無法使自己的人格成熟。

被動攻擊行為

現代社會無法容許直接攻擊他人的行爲。要是我們帶著憤怒攻擊他人，很可能反過來被痛揍一頓，甚至得承擔刑事或民事責任。因此，人類發明了一種間接的攻擊方式，也就是「被動攻擊行爲」（passive-aggressive behavior）。

許多人也許都有這樣的經歷：因自己的失誤而不慎搞砸了別人的重要專案、無視結案日期，或是在幫忙簡報時不小心弄亂投影片的順序。在承擔一定損失的同時，也盡可能造成對方的傷害，這就是被動攻擊行爲的目的，也是日常生活中很常見的防衛機制。

隔離

「隔離」（isolation）指的並不是遭人排擠，而是自己要求獨處。它是一種逃避（不想面對的）現實的方式：只有自己一人、睡得很多、常做白日夢。隱藏悲傷情緒並假裝平靜，也是隔離的一種表現。

儘管這麼做能避免因他人而感受到壓力，但長此以往，卻會爲人際關係帶來嚴重的問題。該面對問題時就該勇敢面對，該哭泣的時候就該放膽流淚。一旦隔離的情況變得嚴重，就很容易惡化成「退行」，意思是變得如幼童般尋求安慰和舒適，以消解壓力的一種方式。

感覺疲憊時，希望某人抱緊自己並不是什麼性欲的展現，而是希望回到有如孩提時期、被母親緊緊抱在懷裡的時光，再次體驗相同的感覺罷了。不論平時再怎麼勇敢的人，當內心受傷時，都會變成一個孩子，唯有如此，才能讓自己稍感安慰。

投射

我覺得非常生氣。但我覺得原因不在於自己，而是因爲別人對我發脾氣，我才生氣。這就是所謂的「投射」（projection）。

如果是自己主動生氣，會讓人覺得很不舒服，所以我們把責任推給別人，把自己的缺點或錯誤歸咎在別人身上，藉此緩和自己的情緒。

至於「妄想性投射」（delusional projection）則是更嚴重的情況。妄想性投射指的是將自己的妄想投射在別人身上。比方說，你有個討厭到恨不得他消失的對象（而且沒有任何客觀合理的理由）。為了消除這種恨意（甚至是殺意）帶來的負罪感與痛苦，於是你妄想對方毫無理由地討厭你，才讓你希望對方消失。

全能感

相信自己可以隨心所欲改變世界，就是所謂的「全能感」（omnipotence）。

彼時，舊金山發生大地震，橋梁和大樓倒塌，造成巨大損失。據說當時有個孩子打電話給自己的爸爸說：「這絕對不是我做的！」孩童總相信自己能做到某些非常不得了的事；但之後就會意識到，父母擁有足以守護家庭、比他們更大的力量；最後，他們終究會了解，即使是父母，其力量也是有限的。

即使已經成年，有些人仍認為自己無所不能。當然，對於培養自信來說，相信自己的能力是非常重要的；但如果過了頭，就會試圖行使超過自己能力或職位以上的權威，像是邪教教祖或曠世詐欺師之類的人，往往抱持這種病態的全能感，試圖剝削並支配他人。

這種想法的背後，是下意識地拚了命想隱藏自己的弱點與極限，或爲了預防其他人發現自己的能力配不上這個職位，並避免因此受到傷害。「膽小的狗叫得更大聲」就是這個意思。因此，我們應該遠離任何虛張聲勢的人，並保持警戒。

否認

強烈地告訴自己「絕對不可能發生這種事！」就是所謂的「否認」（denial）。也許這麼做並不是故意的，但因爲接受事實眞相太痛苦，所以會不自覺地將目光移開。而且正因爲是潛意識的作用，所以壓根沒發現自己在否認。就像電影或戲劇中常見的情節，人們在面對罹患癌症或白血病等重大疾病的診斷時，第一個反應往往是拒絕相信。

分裂

所謂的「分裂」（splitting），就是將人們分爲好人與壞人：凡是好人，就絕對不可能是壞人，反之亦然；不可能既是好人，又是壞人。

對小嬰兒來說，當他飢餓時，立刻以母乳哺餵的母親就是好媽媽，沒這麼做的就是壞媽媽，這樣的認知是持續存在的。原因在於他們無法整合出「好媽媽跟壞媽媽都是同一個媽媽」的印象，也不知道在自己肚子餓的當下，媽媽有可能無法馬上餵飽他的事實。所以如果不這麼做的話，孩子會感到恐懼，擔心壞媽媽將毀掉好媽媽。

如果「母親」這個生命中重要的存在一直是以分裂的狀態被孩子記住的，那麼這樣的人長大後，就只能以「這個人一直都是好人」「這個人永遠是個壞蛋」的方式認識他人，導致人際關係緊張——因爲他無法理解人有好的一面，也有壞的一面。但事實上，世界上哪有絕對的好人或壞人呢？

有些人甚至還會將自己分裂成「善我」「惡我」。他們擔心，如果這兩個都是「我」，那麼總有一天，自己將完全變成「惡我」。比方說，假設「善我」某天在街上遇見了A先生；幾天後，「惡我」也遇到了A先生，並發生糾紛。A先生當然會覺得奇怪，深陷「該怎麼理解『我』」的混亂中。

對於習慣啓動「分裂」這種防衛機制的人來說，「善我」和「善他」相遇的機會並不高；而不論是「善我」遇到「惡他」，或是「惡我」遇到「善他」，彼此都會發生衝突，並造成傷害。要是「惡我」遇到「惡他」就更糟了，兩人都會遍體鱗傷。因此，這樣的人心中其實藏著一種恐懼：要是不把對方區分成「好人」或「壞人」的話，自己就有可能被他人支配或傷害。

然而人際關係是如此豐富多彩。換言之，要是從二分法的角度來思考，認爲「不是好感，就是反感」「不是稱讚，就是批評」「不是尊重，就是無視」的話，人生未免也太受限了。非黑即白的人生並不存在，任何健全幸福的人，都需要黑與白之間那具備各種彩度的灰。

歪曲

「歪曲」（distortion）是一種非常嚴重的防衛機制，爲了滿足內在欲求而改變外在世界。簡單來說，就是我們爲了自己的想法而粉飾、捏造事實。

舉例來說，我以爲自己單戀的對象也喜歡我——這是許多跟蹤狂都體驗過的心理狀態。而在防衛機制中，這也是極具危險性的一種。

轉移

「轉移」（displacement）就像是在家裡被媽媽罵，出門後就踢小狗洩憤的孩子。在實際上受到精神挫折的地方無力反擊，卻到另一個地方發洩，將自己感受到的憤怒等情緒朝著其他對象發動攻擊。比如說，和戀人吵架了，但無法當場解決問題，於是等到回家後，才對著父母家人發脾氣。久而久之，將導致人際關係惡化。

解離

「解離」（dissociation）指的是與自己之間的連結突然斷裂，也就是原本統合意識、記憶、自我認同等方面的機制突然「當機」了。嚴重時，解離會讓自己變成「不是我的我」。

比如在某部電視劇中，主角對父親的死沒有記憶，但事實上，父親是在撿拾主角所掉落的玩具時，遭逢車禍意外身亡的。每當主角試圖回想這件事，就會感覺非常痛苦，是因爲無法忍受「我害爸爸死掉」的罪惡感，因此自行關閉該經驗與記憶倉庫的通道。這就是解離，一種保護自己不去想起某事的機制。

反向作用

「反向作用」是爲了克服無法接受的情緒或壓抑衝動，而從相反方向以強大的力道採取行動；換句話說，就是「明明非常憎恨，卻也深深愛著」。

這並不意味著隱藏起來的仇恨消失了。由於超我會指示自我「不可以討厭別人」，接收到這項指示的自我，便在仇恨之外披上了愛的外衣。

反向作用所產生的愛是不自然的，太故意、太瘋狂，有許多粉飾的部分，也令人感覺不到眞心。這樣的往往是僵化、執著、無條件的，也經常因爲害怕對方的反應而惴慄不安。

一個過度爲他人著想的人，說不定是爲了隱藏自己可能對他人做出殘忍舉動的恐懼；一個極度在意清潔的人，內心也許潛伏著想放浪形骸、荒唐度日的欲求；一個徹底的反戰主義者，心裡可能藏著令人難以置信的破壞欲與虐待欲。利他主義的背後藏著自私，服從父母的行爲下有著叛逆，守貞之心的另一面則是性欲……

斯德哥爾摩症候群，也就是遭綁架的肉票一開始雖然憎恨並害怕綁匪，最後卻自願追隨甚至愛上對方，這是「反向作用」最好的例子。

一九七三年，一群持機關槍的銀行搶匪闖入斯德哥爾摩的一家銀行，挾持三名婦女與一名男性爲人質，時間長達一百三十一小時。搶匪除了限制人質行動，還將炸藥綁在他們身上。最後，警方雖然救出了四名人質，人質們卻在記者會上爲搶匪說話。除此之外，一名女性人質後來不但與搶匪之一訂婚，還有另一人爲犯人籌措律師費用，著實令人驚訝不已。

爲了理解此一現象，我們應該先學會了解潛意識世界，而非意識世界。從人質的角度來看，他們必須相信搶匪是保護他們的人，否則心理上無法應對「自己正處於極度危險的情況」所帶來的壓力。

出於同樣的原因，遭受家暴的妻子往往很難離開丈夫身邊，遭虐待的孩子難以拋下自己的父母。

必須了解防衛機制的理由

這些防衛機制確實能讓我們的日常生活比較輕鬆，但若是過度使用，反而會讓內心的眞相遭到掩蓋，並外顯爲各種身心症狀。

要知道內心的眞相，就得知道自己在捍衛什麼——好好審視自己的行動、態度和性格中的防衛機制是很重要的；唯有這麼做，我們才能眞正過著自己眞正想要的人生。這也就是爲什麼對精神分析來說，防衛機制的分析很重要。在仔細聆聽個案的陳述後，精神分析師才能說明個案在抵抗什麼、爲什麼防衛，又採取了什麼行動。

但要分析這一點並不容易。首先，防衛機制是在自己未意識到的情況下啓動的祕密護衛，而不是大步穿越意識世界的正規軍。當我們透過自由聯想掌握防衛機制的動向後，就能將它們召喚到意識世界來，並在此過程中了解該防衛機制是由何種本能欲望所啓動，以及它是否有效發揮作用。

一旦個案能了解自己運用何種防衛機制來因應何種本能欲望，就更能活用這些資訊，以更成熟、健康的方式來使用這些機制。但這時候，隨之而來的會是個案的迷惘與抵抗，因為除了要找出一直以來守護自己的防衛機制，還要分析它，轉化它，簡直就像在敵人面前棄械投降一樣令人不安。

因此，在個案找到能運用於現實生活中的全新防衛機制之前，精神分析師必須不斷排除個案在過程中的抵抗，藉此讓防衛機制轉化為更出於意識、更自主性，也更適合個案的形式。

4

心有多種色彩

個人自由不是文明帶來的。
因為在文明出現之前，自由已達到最大值。

——佛洛伊德

當佛洛伊德提出「結構理論」以做爲理解人心的框架時，他並沒有放棄先前所主張的地形理論——現代精神分析學家們仍會使用這兩個理論。當我們將地形理論與結構理論結合在一起時，可以得到這樣的結論：本我在潛意識世界中等待機會，自我在意識與潛意識中作用，超我則在意識與潛意識中監視我們。

精神分析是一項關於「衝突」的心理學。在這個世界上，每個人內心都充滿各種衝突，這些衝突也都是無可避免的。它們就像纏繞在一起的藤蔓，互相糾結，又有著不同的利害關係，從而產生抵抗、矛盾、對立。

這些衝突既出現在本我、自我與超我之間，也存在它們之中。本我、自我與超我之間的衝突往往轉化為焦慮、憂鬱、憤怒、內疚和羞愧，並透過行為或性格表現出來。至於發生在本我、自我與超我之中的衝突，也各有不同的作用。比如說，防衛機制是自我功能的一部分，當它們過於強勢時，會與同屬自我功能裡的記憶能力發生衝突，這麼一來，就有可能導致記憶障礙。

精神分析的目的是治療這些症狀，方法則是傾聽與解釋。在精神分析中，由於解釋是最核心的，因此我們可以說，精神分析是詮釋學的一種。

佛洛伊德的精神分析傳承至今，已有無數改進與發展。不論在他生前或去世後，許多人在這門學科中陸續創造出許多深入探索人類心靈的工具。現代的精神分析不只是過去佛洛伊德理論的翻版，但至今依然有許多對精神分析的批評，仍聚焦在一百多年前佛洛伊德還在世時的初期理論上，這也就是為什麼「精神分析只討論性欲」的批評聽來十分荒謬的緣故。

各種心理理論

在現代精神分析中，會運用潛意識、前意識、意識，以及本我、自我和超我等概念來分析病人。這就是所謂的自我心理學（ego psychology）。此外，客體關係理論、依附理論、自體心理學（self psychology）、關係心理學、互爲主體性理論（intersubjectivity theory）等相關理論的發展，也爲精神分析提供了更多支持。

自我心理學以佛洛伊德的結構理論爲基礎，但除了佛洛伊德外，也有許多精神分析學家對它進行深入研究，並成爲美國精神分析學的基礎。自我心理學主要關注的是**自我發展**，同時也在佛洛伊德的理論基礎上，**關注自我如何適應本能欲望和現實之間的落差**。

一位名叫哈特曼（Heinz Hartmann）的心理學家，爲結構理論中所討論的「自我」加入了「自我功能無衝突」（conflict free）的新概念：**我們的認知、注意力、記憶、運動和語言都是不受衝突影響的自我功能**。因爲事實上，不會有人在日常生活中一天到晚自問：「我現在要進行認知嗎？」「我要不要記住這件事？」

佛洛伊德的性心理發展理論（口腔期、肛門期、性器期、潛伏期、兩性期）已然不再受到注目；相較之下，艾瑞克森（Erik Erikson）的「社會心理發展階段」更具實用性。因爲在二十一世紀，「性」不再是什麼嚴重的問題，就好比現在很難再找到因性欲受到壓抑而引發精神官能症的患者。另一方面，許多找上精神科醫師或精神分析師所遇到的個案，他們的問題都與人際關係有關。

處理此類問題的理論基礎之一，是英國心理學家約翰・鮑比（John Bowlby）所提出的「依附理論」。他認爲，孩子在童年時期需要與父母建立穩定的依附關係，以發展正常的情感和社交技能，讓孩子即使在成年後，也能與他人建立健康的關係。

鮑比曾爲有身心障礙的兒童與青少年提供志工服務，很清楚成長過程對他們所造成的影響。因此，儘管他接受過克萊因學派（主要認爲人格的發展是爲了滿足內心與客體產生連結的需求）的精神分析訓練，但他對該學派過於強調理想而忽視現實的做法感到不滿，因此選擇了一條獨立的道路。

所謂的「依附」，指的是孩子無論如何都想與父母親近。依附的力量非常頑強，這是因爲它對生存至關重要。相信各位都曾見過這樣的畫面：即使遭到媽媽嚴厲斥責，仍緊緊黏著媽媽、完全沒打算逃走的孩子。依附是人類的本能，只有在穩固的依附關係建立後，孩子才能成爲探索者。

就像探險家會先建立基地，接著才離開基地、向外探索，再返回基地一樣，孩子也以母親爲基地來體驗世界。因此，至少在孩子三歲之前，若有個能持續陪伴在孩子身邊、肩負起父母角色的人，確實是有益的。

那麼，當我們長大後，依附關係的重要性會消失嗎？並非如此。即使是成人之間，我們依然會利用小時候形成依附關係時所學到的方法，與他人建立關係。正如鮑比所說，「從搖籃到墳墓」，依附關係會在人的一生中持續著。當一對男女相遇並發展出戀情時，這種依附關係和孩子與母親之間所建立的並沒有太大差別：戀人在身旁時，我感到安全；對方不在身邊時，我感到空虛。握著戀人的手，我能感受到親密，我們也注視著彼此的表情和眼神。

在形成依附關係的過程中，隨著成人對孩童做出的反應不同，孩童長大後的人際關係也會深受影響。年幼時期依附關係穩定的人，不會連做夢都想著「對方可能隨時會離開我」。若在毫無理由的情況下感受到「他不愛我了，他最後還是有可能離開我」，並因此感到不安，就有必要回顧自己的童年時期——也許我們曾在小時候感受過類似的焦慮。這種類型的人一旦遇到朋友或戀人不接電話，或無法立刻回覆訊息的狀況，便會變得相當煩躁，甚至因此無法專心工作。

除了依附理論，還有另一項重要的精神分析理論：奧地利裔美國心理學家瑪格麗特．馬勒（Margaret Mahler）提出的「分離與個體化」（separation-individuation）理論，詳述了從出生到三歲的心理發展。這項理論研究了嬰兒從出生起與母親建立關係，並逐漸獨立的歷程。倘若這個過程發展得不順利，很可能會在成長階段出現自我認同的障礙。

我們無法獨自生活，需要與他人建立關係。身為一個人類，「活著」意味著與他人建立關係的過程。年幼時，最重要的人是母親；當然，這個角色也可能由其他人代替。強調這種關係重要性的理論稱爲「客體關係理論」（object-relations theory）。

自我心理學將欲望視爲優先，視關係爲附屬產物；相反的，客體關係理論將關係視爲優先，欲望則是關係的附屬產物。客體關係理論對現代精神分析學產生了深遠的影響——當然，這裡所謂的「客體」不是指椅子或書桌，而是人。

客體關係理論感興趣的，是儲存和累積在腦海中、關於自己與他人的形象爲何與如何轉變。這是因爲研究者認爲，這些形象會影響個人的身分與人際關係。那麼，我們該如何知道自己在客體關係上有沒有問題呢？審視自己的人際關係時，如果發現自己的自我認同、親密感、同理心、安全感、信任感，以及關係的持續性都不夠穩固，甚至搖搖欲墜的話，那麼客體關係十之八九出了問題。

現在，我們來看看嬰兒在出生後，是怎麼展開客體關係的。

剛出生的嬰兒無法分辨人我。他們只能透過「肚子餓的時候，有什麼溫暖的東西從嘴巴進入自己的身體」或「原本潮濕的地方突然變得乾爽柔軟」之類的感官經驗，知道除了自己以外，這裡還有其他人存在；而這些經驗都帶來了喜悅和滿足，是美好的正面經驗。相反的，如果生理需求未能及時獲得滿足，則會帶來憤怒和挫敗的負面經驗。

隨著經驗的積累，關於自己和他人的形象就會逐漸在心中建立起來，並與憤怒、悲傷、不滿等負面情緒，以及喜悅、滿足等正面情緒產生連結。

如果孩子在可預測的溫暖環境下成長，他將擁有豐富的正面經驗，以及少許負面經驗——儘管媽媽有時會責備他，但他仍能理解母親是愛他的。反過來說，如果孩童無法將不同形象整合於同一個存在中，將來在人際相處上就可能遭遇困難。年幼時與他人建立的關係就像印記一樣，始終留在我們心中。雖然隨著時間流逝，這些印記可能會變得模糊、褪色，卻不可能完全消失。殘留下來的印記將如同影子，持續影響我們與其他人的相處。

人與人之間的關係是豐富多彩的。如果我們把人際關係中接觸到的形象全部歸類爲黑或白，完全沒有中間的灰階——例如喜歡／不喜歡、支持／批評、認同／忽視——無疑會讓生活變得乏味。倘若自己總是待在二選一的框架裡，不小心犯錯時，我們就會把所有注意力都集中在別人如何看待自己，而不是仍對自己保有自信。

全黑或全白的人生是不存在的，健康快樂的生活需要黑與白之間各種不同深淺的灰。如果我們腦中只有對立而非整合的印象，世界看起來就會是充滿衝突的一團混亂，讓人難以生存。如果我們始終覺得自己的內心就像戰場，不妨思考一下自己用了幾種顏色來區分世界。觀察自己內心的顏色，這就是精神分析療癒我們的方式。

美國精神分析師柯赫（Heinz Kohut）在著作《自體的分析》中，很自然地將「自體」的概念置於理論中心。自體心理學家主張，我們所感受到的自尊，是由他人對我們的需求提供了多少同理和回應來產生並維持的。在自體心理學的理論中，不論是對人類的發展過程來說，或是對精神分析能帶來的變化而言，性欲其實都沒那麼重要。相反的，站在個案的角度，精神分析師在聆聽自己的主觀經驗時，能否展現同理心才更重要。

互爲主體性理論批評傳統的精神分析是一種「個體心理學」，只在意被分析者的主觀意識，並主張分析者與被分析者的主觀應該彼此分享與交流；同時，支持者也主張，爲了溝通，分析師最好能自我揭露。不過這一點違背了匿名原則——一旦精神分析師揭露了自己的主觀，並在此前提下進行溝通，反而會讓溝通受到阻礙。

就這樣，有了各種理論的加入，現代精神分析的發展越來越令人期待。隨著神經科學的發展，二十一世紀正在成爲精神分析的世紀，並創立了一個名爲「神經精神分析」（neuropsychoanalysis）的新領域，旨在透過結合神經科學和精神分析來理解人類思維。

第二個故事

了解潛意識創傷

就算有什麼值得害怕的事情，
只要逃走不就好了嗎？
但又能躲到什麼時候呢？
若不想過著無止盡逃避的人生，
只需要拿出一點勇氣。

目前為止，我們已經介紹許多用來觀察內心、名為「精神分析」的放大鏡。從這裡開始，我們將透過這些放大鏡來審視內心的「搗蛋鬼」們：焦慮、憂鬱、憤怒、恐懼、沮喪、猶豫、自卑、嫉羨和妒恨。正如要贏得戰爭，就得先了解敵人；我們也必須先了解並認識這些搗蛋鬼，才能在內心的戰爭中獲勝，並治癒傷口。因此，我們得先親近、熟悉它們，並用精神分析的方式來理解它們。

舉例來說，如果我們用前面所提到「精神分析放大鏡」的視角來看待焦慮，將會發現它其實是一種能在意外之處幫你一把，並幫助我們變得更成熟的情緒。

佛洛伊德認為，焦慮中有種叫做「訊號焦慮」（signal anxiety）的功效，能提醒我們即將來臨的危險，但焦慮的人往往只想趕快擺脫它，未必能發現此信號代表著什麼。憂鬱和憤怒也是如此。若能深入了解自己為什麼沮喪和生氣，對於性格的成熟發展來說，可說大有助益；但人們總是恨不得除之而後快。

負面情緒是深入了解自我的好工具。從精神分析師的角度來看，人們不能好好利用它們也未免太可惜了。

每個人都想獲得幸福。但幸福就像彩虹，儘管遠看很漂亮，但它其實是光線穿過水滴時，不同波長的光被分離後並反射的現象，沒有任何實體。過分執著於彩虹般的幸福，反而讓人無法幸福。

此外，幸福是一種相對的感受，會隨著比較的對象而變化。然而人們卻受到「追求幸福」的文化所壓迫，反倒無法好好體驗「悲傷」這種再正常不過的情緒——唯有能感受到悲傷和痛苦，才能真正感受到幸福。

舉例來說，和戀人分手後，那種失去重要的人而導致的悲傷和憂鬱，是無法用強迫的方式紓解的；必須接納這些感受，並從中找出意義，才有可能真正放下；至於試圖用酒精或其他東西來擺脫什麼的，更是不可取。

只有擺脫「必須幸福」的執念，才能真正獲得幸福。

這個世界還真是充滿了矛盾啊。

5

無法忍受不確定性——焦慮

出生是人類首次體驗到的焦慮。
因此，出生正是焦慮的根源和原型。

——佛洛伊德

「身體每個地方都好痛，心跳快到像是要爆炸了。總覺得有什麼事要發生似的，整個人很緊張，焦慮到完全睡不著。腦子裡一直想著自己擔心的事，而且完全不知道爲什麼會這樣。看，我一直流手汗對吧，覺得自己有夠遜。」

不論是誰，都有過類似的經驗。這是「焦慮」的症狀。

我們生活在一個焦慮的時代，甚至還有專門研究焦慮的學術期刊。焦慮是每個人都會感受到的複雜情緒，而且也很常見；甚至有人說，這就跟身體發燒沒兩樣，因此焦慮其實就是「心在發燒」。

焦慮（anxiety）的詞源是拉丁文的「angere」，意思是「勒住脖子」「喘不過氣」。焦慮時，就會產生這種窒息感；而在嚴重的焦慮症中，有一種叫「幽閉恐懼症」，從這一點來看，這個語詞和身體感受是非常貼合的。

不要一味驅趕焦慮

丹麥哲學家齊克果曾說：「焦慮是對自由的暈眩。」焦慮是我們一生的伴侶。從出生到離開這個世界，它都會在我們身邊。時而輕微，時而強烈，不斷搖晃著我們的內心。焦慮不只會影響自己，正如其詞源所顯示的，它除了讓人心裡不舒服，也對身體產生深遠的影響：暈眩、腦中一片空白、心跳加快、胸口發緊、胃痛，甚至是嘔吐感。

焦慮待在人類身邊的時日，比我們想像中更久。它讓我們看到心儀之人時心跳加速、臉紅，並擔心「萬一對方不接受我遞給他的咖啡怎麼辦」——我們就是這樣受焦慮左右。

絕大多數人會盡可能擺脫焦慮，比如做其他事以轉移注意力，甚至服用抗焦慮藥物。但**焦慮也是促使我們行動的強大力量**，因此，當焦慮出現時，請別一味把它往外推。

比如說，考試將近時，焦躁感不斷催促：「不趕快念書的話，會很慘喔！」才讓我們付諸行動，開始複習功課。

「不趕快念書會很慘」的焦慮讓我們走向洗手間、用冷水洗把臉，再走到書桌前打開書本；但如果過度焦慮，反而讓人無法拿起書。儘管我們以爲，讓人不安的是考試本身，不過事實並非如此——引發焦慮的，是與考試有關的想法或感受：如果這次考得不好，將來就考不上好學校，父母就會失望，還免不了挨老師一頓罵，朋友也會看不起自己……越是這麼想，就越是不安。換言之，是內心的糾結招來了焦慮。

焦慮與恐懼不同。焦慮關注的對象主要是看不見的事情，但恐懼多半有明顯的外部因素，而不是內心的衝突，像是黑暗的地下室、被滿場觀眾盯著看的舞臺、狹窄的電梯、搖搖欲墜的橋梁、令人頭暈目眩的高處、鋒利的刀子、令人噁心的昆蟲、可怕的血跡……當你避開令自己害怕的物體時，恐懼就會消失，但焦慮是一種突然出現的感受，因此難以控制。

焦慮讓人無法冷靜。儘管我們努力想避開它，事情卻沒這麼容易，因爲我們常不知自己爲何焦慮。因此，當我們發現焦慮時，與其急著迴避它，不如趁機仔細審視自己的內心。

焦慮是心發出的信號。它告訴我們「有件你不知道的事可能出了問題」，是一封來自內心的危險警告信。爲了克服焦慮，我們必須仔細閱讀信件內容，並找出導致焦慮的衝突。

焦慮也是對壓力的反應。這裡所說的「壓力」不只來自於外部，也可能來自於內心。當人們感受到壓力時，沉睡在心中的焦慮之火便會失控地猛烈燃燒。這就是「急性壓力症」。

相較於此，「慢性焦慮」則是一種「已成習慣」的焦慮。沒有任何充分的理由，就是莫名其妙覺得不安，不但會對日常生活造成困擾，也很容易讓周圍的人覺得「這個人也太膽小了吧」，或被批評「感覺很不真誠」。萬一陷入這種狀況，請先不要聽信這些不公允的中傷，並盡快尋求專業人士協助。

從精神分析的角度來看，焦慮是對「從潛意識上升至意識」的事物的反應。至於偷偷越界的是什麼呢？最常見的是性欲或攻擊欲；問題是，超我不容許這種事，所以當兩股相反的力量在心中碰撞時，就會產生衝突。衝突讓人焦慮，焦慮讓人不適，於是我們必須啓動防衛機制以應對。比如說，試圖透過「潛抑作用」將焦慮情緒趕回潛意識，但在此過程中，又會產生各種症狀。換言之，**關於焦慮的種種症狀，正是自我的吶喊**。

隨著年齡增長，我們所經歷的焦慮也會發生變化。

當我們還小、自我認同還不穩固時，會對「不完整」和「自我消失」感到不安；用公司來比喻的話，就是害怕它破產或被其他公司併呑。到了懂事的年紀，我們會開始對「失去父母或深愛的人」感到焦慮。成年後，則會擔心自己是否會因爲違背良心、倫理和道德而受罰。至於高齡者，則往往對健康感到擔憂。

另外，還有一種叫做「存在的焦慮」：認爲生活毫無意義、覺得自己一無是處的狀態。這是由來自維也納的維克多．弗蘭克（Viktor Frankl）所提出的，他是一位深入研究存在意義的精神分析學家。身爲納粹集中營的倖存者，他認爲「了解生命的意義」是在極度惡劣的環境中存活下來的方法，而「痛苦的人生，正是了解自我存在意義的機會」。

焦慮並不是百分之百有害的東西。它可以成爲讓人產生行動的能量來源，也可以成爲讓人認識生命意義的契機。

令人擔憂的事通常不會發生

一旦感到焦慮，就會忍不住一直想著它。畢竟人類始終「生於憂患」，擔心並不是什麼壞事，反而能讓我們採取行動以解決問題；而且正因爲我們會擔心，才有辦法生存下來。但要是過度焦慮，反而會將自己逼入絕境，不僅對生活沒有幫助，甚至有可能導致自我崩壞。

你的操煩已經變成一種習慣了嗎？

之所以會如此，是因爲擔憂能減輕焦慮的程度，讓我們覺得自己彷彿可以控制它。

好了，現在我們必須意識到一件重要的事：自己所擔心的事情幾乎不會發生。好消息，對吧？但弔詭的地方在於，這正是人生的悲劇所在。那些愛操煩的人堅決相信，壞事之所以沒有發生，是因爲焦慮和擔心幫助他們做好準備——他們誤以爲自己的命運因某種神奇魔法而改變。

有些年長者什麼事都要去算命，而且非常相信算命師說的話，甚至還有些人會花費大筆金錢購買開運物品，再放在指定的房間或方位。要是擔心的事情沒有發生，那就是拜它之賜——儘管擔心之事眞正發生的可能性微乎其微。

不是只有年長者會這麼做。消遣用的塔羅牌、報章雜誌或網路上的星座運勢與本日占卜等，只要仔細觀察就會發現：不論哪個世代的人，都會透過閱讀這些其實沒什麼意義的話語以減輕自己的擔憂。

如果這些擔憂是針對健康的話，就很可能引發「慮病症」，讓人相信自己一定是病了；或認爲表面上看起來雖然是小病，但其實已經很嚴重。慮病症患者會到處換醫院，重複各種診療與檢查，就像去百貨公司逛街般「逛醫院」。儘管是因爲內心的不適，才讓人覺得身體出狀況，但這些人卻會安慰自己，正因爲自己勤於就診，病情才沒有明顯惡化。

若想從根本上治癒這種疾病，就必須找出隱藏在患者內心深處的自責、愧疚與渴望受到懲罰的心理。

憂慮成性的人無法容忍不確定性，他們需要「絕對不會發生」的保證；問題是，世界上哪有什麼「一定」呢？

如果因為過度擔心和焦慮，而使日常生活發生問題，那就是「中毒」了。擔憂引起的焦慮會痲痺理性和判斷力，使我們無法及時做出決定並採取行動，讓生活變成塞滿優柔寡斷，並因此停滯不動的「停車場」。話雖如此，要是真的什麼都不擔心，事情確實有可能失去控制。如果已經到了「擔心得不得了」的程度，請採取行動吧；與其一邊被動等待對方的聯繫，一邊胡思亂想「到底發生了什麼事」、平白招來不安，不如立刻行動、主動聯繫對方，要比陷入擔憂的沼澤中好得多。

如果真的無法停止擔憂，不如每天給自己三十分鐘，限制自己在這段時間裡用力煩惱！此外，別把這些事放在腦中，而是用文字寫在筆記本上，並在旁邊寫下解決方案，再互相對照。這樣一來，就能看清這些憂慮的真面目，而不是任它們面貌模糊地占據內心。

其中，若有些事情是現在無法以一己之力解決的，請立刻將它們從腦中驅逐；若是無法馬上解決的事，那就晚一點再去處理吧；可以輕鬆處理的事，就馬上去做，然後忘掉它。當我們開始覺得每天寫在筆記本裡的煩心事都差不多，並心生厭倦後，這些事情就會自動從腦中消失。真的不必為了那些微不足道的事情冒生命危險。

對死亡的恐懼——恐慌

各位聽過「恐慌症」嗎？這是一種因覺得自己「即將死亡」而產生的極度焦慮感。比如說，去超市買東西的時候，胸口突然一緊，呼吸急促，心跳加快。還以爲是心臟病發作，趕緊前往醫院，但不管怎麼檢查，都沒發現什麼問題。

各位知道女星妮可．基嫚與金．貝辛格都有恐慌症嗎？對一名演員來說，這會爲工作帶來多大的困擾？事實上，恐慌症是一種常見且可治癒的疾病，但如果假裝它不存在，反而會讓自己遭受不必要的痛苦。

與焦慮不同，恐慌的特徵在於非常嚴重的身體症狀。恐慌症與壓力有密切的關連，當腦中的壓力管理系統突然當機時，就會陷入這種狀態。比如說，冷靜不下來的時候，很容易讓人對加快的心跳過度反應，從而產生恐懼；而越是害怕，心跳就會越快，形成惡性循環，就這樣把自己關進陷阱裡。

如果說，連接現實與自己的那根繩子變得脆弱叫做「焦慮」，那麼「恐慌」就是那根繩子暫時被切斷了。如果自己是一具透過幾根繩子連接並動作的木偶，那麼焦慮就是繩子拉得太緊，導致動作變得笨拙的狀態；如果繩子斷掉、根本無法動彈的話，那就是恐慌。恐慌是會為生存帶來威脅的危機。

恐慌與恐懼經常手牽手一起出現。如果恐慌是在電梯裡發作的，之後就很有可能得到「電梯恐懼症」；這樣的人在尋找住處時，絕對不會考慮高樓大廈。另外，有些人無法搭乘飛機，有些人害怕去百貨公司之類擁擠的地方；有些人有幽閉恐懼症，無法在位於地下室的餐廳吃飯；如果你有社交恐懼症，那麼在別人面前演講將成為你一生中最大的難關，甚至還有些人因為無法使用公廁而不敢出門。

但我們的反應對恐懼來說，其實是不公平的。無論是逃離著火建築物時的匆忙，還是不讓自己踏進深潭的小心翼翼，都是恐懼為了保護我們而採取的行動。然而就像其他事情一樣，當恐懼程度過高時，就會變成一個問題，讓生活變得一團糟──因為我們必須盡全力避開那些會引發恐懼的事物。

恐懼和恐慌大大降低了生活的廣度和深度。我們無法正常地與人交往，也很難過著普通的生活；無法前往高層公寓參加死黨或閨密的喬遷派對；沒辦法去游泳池，也無法前往高級餐廳。當然，你會盡量避免讓自己陷入恐慌的情境，但這並不是唯一的解決辦法。

就算可以治療，但是因恐慌或恐懼症而迴避人際關係，經常被誤解為害羞，使得這個問題往往遭到忽視。但越是置之不理，症狀反而越有可能惡化；越是專注於恐懼，恐懼就越會增長。

感受到焦慮、恐慌和恐懼時，首先要做的，就是觀察自己是否屏住呼吸——大多數人都會這樣。那麼，這時候應該吸氣嗎？不，我們得吐氣。呼吸確實是一項簡單的練習，但有其規則。請留意一項再明顯不過的事實：人類得先吐氣，才能吸氣。一個只試著吸氣卻不吐氣的人，就像等不及讓電梯裡的人先出來，就急著擠進去的人。

至於想藉著酒精之類的東西來擺脫焦慮根本沒用。反而有可能因此變成酒精依賴，衍生出更多更嚴重的問題。

人人內心都有焦慮、恐慌和恐懼，但別忘了，**凡是存在於內心的事物，都是我們最好的盟友**。愛迪生曾說過：「若想擺脫憂慮，那就好好工作，千萬不要喝酒。」我們可以透過一些正向思考來擺脫恐慌。比如說，恐慌發作不會致命，它只是固有焦慮反應的誇大；換句話說，你的盟友有點「做過頭」了。另外，在現代精神醫學中，針對焦慮、恐慌和恐懼的藥物治療也能帶來有益的效果。但更重要的策略，是接受焦慮成爲你內心的「短租房客」。

從根本上來說，焦慮、恐慌和恐懼都是心理問題——雖然這有部分算是大腦的問題，卻因爲心理因素使得症狀加劇，那麼就需要找出已成爲心理問題的根源所在，好讓狀況不再惡化。首先，請捨棄「生活應該幸福美好」的幻想。「玫瑰色的人生」這句話本身就有矛盾，因為生活從來不可能只充滿如玫瑰般美好的事物。我們必須面對現實、認清問題，並試圖找到解決辦法。

焦慮是自己發給自己的訊息，告訴我們應該「找出原因」。不要忽視這一點。光是開始「試圖找出原因」，許多問題就會因此迎刃而解。請千萬不要只在意症狀。

6 讓你活下去的強大力量——恐懼

恐懼是生存所必須的一種情緒。

——漢娜．鄂蘭

人們習慣論生不論死。

我們會高高興興地參加婚禮，卻沒有人喜歡參加葬禮。儘管隱而未顯，但這是因爲我們感受到對死亡的恐懼。在一般情況下，人們會試圖表現得好像他們永遠不會死似的，這可以理解爲人們透過「潛抑作用」及「否認」機制的啓動，來面對死亡的恐懼。

然而，我們無法完全捨棄恐懼，有時它甚至是必要的。

恐懼是針對具體危險和威脅的反應，與模糊的焦慮不同，它有明確的對象：高處、密閉處、寬闊處、河川或大海、橋梁、隧道、蛇、蜘蛛、針頭……都是常見的恐懼對象；心理上的恐懼則包括遭到排斥與死亡。

即使是看似正面的事物，例如親密關係或成功，也有可能引發恐懼。此外，害怕失敗、遭夥伴排擠，或是必須在其他人面前說明重要的事，也可能讓人感到恐懼。就連尚未到來的未來，同樣有可能引發恐懼。

打從出生起，恐懼就是人類腦中「基本情緒套裝」的一分子；就像餐廳裡的套餐，品項和出餐順序都是一定的。我們時刻準備好感受恐懼，而且經歷得越多，反應就越尖銳。

恐懼驅使著我們。感到害怕時，脈搏會加快，身體會出汗，壓力荷爾蒙也會急速分泌——這些都是發生在一瞬間的事情。以高空彈跳爲例，從懸崖往下看並感到害怕是很正常的；離地前感受到的恐懼則會與興奮混合在一起，當我們的雙腳再度站在地面上時，成就感也隨之增加。

除了高空彈跳，還有許多能讓人「安全體驗恐懼」的活動，恐怖片就是一個典型的例子。許多人想在虛擬世界中體驗那些現實世界裡難以經歷的恐怖，這讓恐怖片得以成爲能帶來鉅額票房的電影類型。恐怖片想要持續吸引觀眾並不容易，這是因爲當觀眾習慣能引起恐懼的場景時，反而會讓人覺得好笑，而不是害怕。

對高空彈跳感到厭倦的人們會尋求其他更危險的刺激，這是因爲「反恐懼防衛」（counterphobic defense）——爲了預防恐懼，而進行會讓自己害怕的活動——並沒有停止發揮作用，直到最後不幸發生事故。

恐懼來自於缺乏自信

有些恐懼也根源於童年。比如說，遇到與童年痛苦經驗相似的狀況時，我們馬上就會察覺到：自己可能會再次感受到與當時一樣的情緒。如果小時候曾有從高處跌落的經驗，那麼即使成年後，每當爬上高樓時，仍難免有些不適。

透過精神分析了解其背景，確實有助於減緩症狀，但防衛機制仍會積極發揮作用，使得恐懼無法完全消失。因此，以前面的例子來看，我們會舉出許多理由，好讓自己不需要爬到高處。以新的經驗來克服恐懼需要時間，不過只要透過成功經驗（像是不逃避、達成目標）覆蓋記憶，就能跨越恐懼。

未來也令人恐懼。未來既無法體驗，也不可見。人類非常害怕未知，而過去的慘痛經歷、現在的艱辛，讓我們對未來更加害怕。之所以恐懼未來，是因爲擔心現在萬一犯了什麼錯，就會毀掉將來的自己——但有誰終其一生都不會犯錯呢？

「不想長大」同樣是一種對未來的恐懼。成年，意味著要承擔責任；只有活得像孩子一樣，才有辦法反抗父母和社會。從另一個角度來說，儘管人們可以藉著叛逆獲得力量，卻也因此失去了人格成熟的機會。

如果我們以過去獲得的經驗爲基礎，專注地活在當下，對未來的恐懼就會慢慢消失。一分耕耘，一分收穫，道理就是這麼簡單，人們卻往往因爲無法好好付諸實踐，而遭遇困難。

在恐懼症中，最常見的是「舞臺恐懼症」，是一種社交恐懼。要是鋼琴家或演員因爲心跳加速、在舞臺上不停冒汗而無法演出，豈不令人失望透頂？如果一位老師寧死也不願走進教室的話，那不是很尷尬嗎？怯場的背後，其實是害怕批評。孩子的小小表現如果能獲得大人的認可和讚美，那麼他長大後就很可能不至於怯場。另一方面，因爲怕自己「不夠酷」而擔心被大人批評甚或拋棄的不安，也有可能導致怯場。

此外，還有些人害怕與他人親近。比方說，雖然想和對方建立良好關係，但是當自己靠近時，卻覺得自己有可能被對方控制。又比如說，萬一彼此的距離眞的拉近了，對方可能會對我失望並離開。有些人甚至害怕成功。當我們覺得「事情不可能這麼順利」的瞬間，恐懼就開始了。

擺脫恐懼的唯一方法不是對抗它，而是接納它做爲內心的一部分。恐懼是一種自然的情

緒，也是身心健康的正常反應。若能將恐懼轉化為成就的動力，就能克服它；若讓恐懼變成恐慌，那就輸了。而我們始終處於這個界線上。

感受到恐懼時，應阻止它占據整個生活，並將它收納在內心的一角，再用剩餘的能量享受當下。如果難以憑一己之力做到這一點，可以對親近的親朋好友傾訴，或是以自己感受到的恐懼為主題進行書寫，對於弄清楚自己到底是害怕死亡或失去控制來說，都很有幫助。與**他人分享負面想法，或以客觀角度審視自己如何看待自己，都能削弱這些情緒**。

儘管恐懼會使人動彈不得，但還是請試著做出微小的行動，試著強迫自己露出笑容。即使被恐懼籠罩，只要一些小動作，就能改變態度和視角，並看到逃生的出口。我們所害怕的，其實只是「恐懼」這個名字罷了；但如果無法光靠自己克服，請尋求專業人士的協助，將大有助益。

精神分析將恐懼視為「本我和超我之間未解決的衝突」。從小就存在的衝突被潛抑後，轉移到讓自己感受到恐懼的對象上，並表現為恐懼症。但我們終究得找出並處理被抑制的衝突，恐懼症才能得到治癒。在這個過程中，分析防衛機制也是有必要的。

在治療過程中，精神分析師將成為保護我們免受恐懼的「守護天使」；只要有他在，我們就沒有理由害怕——儘管這種現象暫時有用，終究還是得透過防衛機制的分析來解決。畢竟沒有人喜歡放棄自己一直以來習慣的防衛機制，因此雖然精神分析師會深入挖掘個案的防衛系統，但在精神分析師面前，個案可能會覺得被拋棄並變得沮喪。於是，在精神分析中，會將這種被拋棄的感覺做爲核心話題，進行分析。

過程中，分析師總是希望個案能毫無保留地說出心中所浮現的所有事物（自由聯想），但這並不容易。因爲在精神分析師面前，展現自己所感受到的情緒往往讓人覺得丟臉，涉及性幻想時更是如此。如果精神分析師能理解這樣的尷尬和恐懼，就能幫助個案察覺自己在人際關係中，可能也不斷重複著類似的模式，並因此導致人際困境。隨著分析進行，我們不但能逐漸克服對自我揭露的羞愧感，也開始體驗到在他人面前自由表達的喜悅和滿足，看待自己時，也因此變得更加自在、充滿自信。

想要克服恐懼，就必須面對它，並了解爲什麼會有這種感覺，而不是一味逃避。接著，我們需要逐步處理那些過去一直迴避的事情。即使有時仍會犯錯並絆倒，也要站起來再試一次。一次犯錯並不代表會永遠失敗，所以我們應該相信「我從未眞正失敗過，只是在過程中獲得了許多回饋」的說法。

一遇到可怕的事情就避開，或許能讓自己過得還不錯，在某種程度上也是對的。但問題是，這樣做無異於作繭自縛：不讓自己發揮潛能，反而會變得不幸。我們需要對自己的逃避行爲進行評估，如果發現它並不明智，就要勇敢尋找其他方法。否則，我們將被恐懼所奴役，就這樣度過一生。

7

寫給自己的一封信——憂鬱

我總是在自己以外的地方，
找到能變得更堅強、更有自信的方法。

——安娜．佛洛伊德

「我看不到前方。完全掉進去了。我甚至不想動自己的指尖。絕望。人生毫無價值。活著就是一種痛苦。世界不公平。我很憤怒。」

這些感受都是憂鬱的症狀，它是一種會讓人非常不舒服的情緒。憂鬱時，你會不斷想與自己對抗，企圖擺脫當下的狀態；但這不容易。即使拚了命想逃，仍像陷進流沙般，一旦踏進去就很難逃出來。

令人難受的每一天，讓人覺得彷彿掉進井裡。對憂鬱者來說，一切事物看起來都是消極負面的。從井底看出去的天空，不過只有硬幣大小；井壁長滿了苔蘚，濕滑到不可能踩著它們往上爬。儘管想尋求幫助，卻感到羞恥，不知道到底該怎麼做才好。

能稱之爲疾病的憂鬱症應在精神科醫師的協助下進行治療，不是光靠堅強的意志就能解決——儘管如此，它仍是一種可以治療的病。不要覺得「一個人默默努力就好，總會有辦法的」，請向專業人士求助。

在現代精神醫學中，憂鬱症被視爲一種大腦生理平衡遭到破壞的疾病；透過抗憂鬱藥物使之恢復正常，也已確認是有效的治療方法。但藥物無法幫助患者找出「爲何會在此時發病」的意義。如果無法憑一己之力找出變得憂鬱的理由，則需要精神分析師的協助。

不需要因爲憂鬱而感到羞恥。憂鬱是很常見的情緒，只要及時處理，很快就會好轉。問題在於，一旦陷入憂鬱狀態，不論是接受治療或向周遭求助，都會讓人覺得門檻變得很高。事實上，這種情況就像一輛汽車因保養不善而無法啓動一樣。

當你在心理諮商或精神分析的幫助下爬出那口井時，將會發現：困住自己的那口井其實並不深，頂多一個人的高度吧；而且因爲已經枯竭很久了，所以也沒有溺水的危險。對健康的人來說，爬出來可說輕而易舉；任誰也想不到，竟有人會因爲掉進那口井而求救——除了陷入憂鬱中的自己。

事情就是這樣，沒辦法

憂鬱症是「超我」的傑作，它隨時隨地等著指責我。只要一個不小心，它就會高聲大喊：「都是你的錯！」

另一方面，自我並沒有受過什麼訓練，很弱小，因此它不但不會提出抗議，還會全盤接受超我的意見。因此我感到悲傷、缺乏動力、無精打采。我不想努力，只想一個人待著，彷彿世界上沒有人了解自己，就像被獨留在荒島上似的。

陷入憂鬱時，腦袋無法順利運轉，專注力和記憶力都會下降；吃不下，睡不著，體力快速流失。在身心都缺乏武器的情況下，根本不可能起身反擊。憂鬱者會覺得自己毫無價值，有很深的罪惡感，並覺得一切都是自己的責任；就算只是一個小錯，也覺得像是犯下什麼滔天大罪似的。但另一方面，他們對別人的話語非常敏感，就連稀鬆平常的話語，也會以爲是對自己嚴厲的批評，致使人際關係逐漸惡化。更甚者，在被害意識過強的情況下，很可能變得疑神疑鬼的，毫無根據便認爲其他人都在矇騙自己。

爲什麼會產生憂鬱呢？憂鬱多半是對「喪失」的反應。所謂的「喪失」指的就是失去、損失：朋友、戀人、金錢、機會、成就、幸福、榮譽、驕傲……人生有很多東西都是有可能失去的。無論是眞的或只是自己的想像，當我們覺得失去某些東西時，會生氣，會厭恨自己，結果就是變得沮喪。如果對自己的厭惡太過，甚至會以自殺這種極端的方式毀滅自己。原本應該射向他人的攻擊之箭，同樣也能朝相反方向射出，刺穿自己。爲了減少損失，即使是沒那麼困難的事，人們也往往很快就投降，說「事情就是這樣，沒辦法」。

一旦這種「沒辦法」的態度在心裡變得根深蒂固，無疑將讓自己走上憂鬱之路。就算是很小的事，只要進行得不順利，我們也會很快得出「我眞是沒用」的結論，並感到沮喪。就像明明只是不小心弄丟了一枝十元的便宜原子筆，卻仍爲此懊悔數日。

從小就以消極方式看待世界的人，總會以一種「事情不可能順利進行」的態度面對世界和自己，並因此陷入憂鬱。精神醫學家亞倫．貝克（Aaron Beck）所創立的認知行爲療法，是一種有意識地修正扭曲的認知，試圖將「負面、失眞與誇大的想法」轉變爲正向思維，以改善行爲與症狀的方法。該療法旨在透過疏通阻塞的思維來治療憂鬱症，例如非黑即白的二分法思考。

舉例來說，世界上怎麼可能只有「百分之百對你付出」與「百分之百要你付出」的戀人？還以爲自己是跟「百分之百對你付出」的對象約會，沒想到對方其實很自我中心，導致我們陷入憂鬱。若想脫離這種狀態，應該改變想法的是自己，而不是對方。

就算成功擺脫憂鬱，「非黑即白」的思維仍根植在我們心裡。因此，不同於認知行為療法，精神分析更專注於深入挖掘負面思考者的童年，以處理與衝突相關的根本問題。而在治療過程中，除了處理認知，也會深度運用情緒。如果想從根本改善自己的負面思考，請經常探索自己的內心深處。

如果情況還不到很嚴重的程度，但感覺沮喪的時候，乾脆進入自己的心探索看看，像是潛入大海，正如「沉潛」一詞所表示的。在潛入情緒之海的過程中，試圖享受這分憂鬱，也思考一下自己。憂鬱能使我們進入思想的深淵。寫下自己的過去、現在和未來，並把它當成一個好機會，以檢視目前的生活處於什麼狀態。然而，沉浸其中的時間要是太長，會有危險，一如待在水下。

憂鬱症狀也是內心寫給自己的一封信：「不要急著前進。是時候放慢速度了，也請靜下心來反思自己與生活。」這是一個警告，也是一個機會。請檢視自我與內心深處，看看自我是否變得太脆弱，或是超我變得太強勢，以致對自己過度嚴厲。

故意傷害自己

美國作家桃樂西亞．白朗黛（Dorothea Brande）曾說過：「人人心中都有一顆想毀掉自己的種子。如果讓它成長茁壯，只會結出不幸的果實。」就像這句話所說的，如果我們對自己棄之不顧呢？透過自我毀滅來獲得滿足感，眞的合理嗎？從理性的角度來看，當然不合理，但在潛意識世界中卻是合理的。這與佛洛伊德所主張的「死之本能」有關。

如果有人總是不斷失敗，我們是否能單純把問題歸咎於運氣不好或環境造成的？只要仔細觀察，就可以發現潛意識中有著「自我毀滅」的欲望：討厭自己，讓行動失敗，卻在受傷和挫折中找到奇特的滿足；最終，無可挽回地毀掉自己。事實上，這樣的人並不罕見。

自我毀滅的一個極端例子是自殺。許多人可能不了解自殺有多普遍，因爲這個詞給人可怕的感覺，所以不太想去了解。事實上，自殺不僅僅是從高處跳下、服藥、上吊或割腕而已，還有其他隱藏得更深的行爲，像是持續或衝動地做出對健康有害的事，也算是一種自殺；吸菸、暴飲暴食、藥物濫用……也是如此。明知這麼做對自己不好，然而這不但是爲了緩解焦慮，也是一種自我懲罰——**透過懲罰帶來的痛苦以減輕內疚。正是這種行爲帶來的滿足感，才讓人難以擺脫不良習慣。**

如果意識並不想這樣做，但潛意識一直將我們推往傷害自己的方向，會發生什麼事？如果我們把自己囚禁在「自我毀滅」的監獄中，無法逃脫，會有多可怕和不幸——但這也表示人生需要「重新啟動」的時刻到了。

這並不容易。明知道某些行爲會對自己造成負面影響，卻依然堅持這樣做，並且從中獲得快樂，這就是所謂的「受虐狂」。

人們很可能會下意識做出錯誤的選擇，好爲日後的失敗找藉口。即使覺得自己能表現得很好，但要是方法錯誤，最終還是有可能失敗；尤其是缺乏經驗和不成熟的人。自尊心較低或正在承受壓力的人更容易做出自毀性行爲。自尊心較低，意味著在人際關係中較易感到不自在。照理來說，就算別人無法接受我們，也應該好好珍惜自己才對；但奇怪的是，我們反而更傾向於自毀行爲，自動走向不幸的入口，這就是人類。我們輕易便沉溺於酒精或藥物之中，毀掉自己的生活。

心情不安或沮喪時，「自我」的功能就會下降，容易犯錯；個人控制和調節能力較弱的人也是如此。就像駕駛技術不好的人容易發生車禍一樣，適應能力不佳的人，一旦遇到較差的路況，很容易就會感到困惑，並做出錯誤的應對。

然而，爲了愛自己、珍惜自己，首先要相信有人關心自己。這種確信通常是在童年形成的。在孩子與母親的關係中，當母親溫暖的形象逐漸形成，並儲存在孩子心裡時，孩子就會覺得：即使母親不在身邊，也總有人在關心他。這將成爲一個人疼愛與珍惜自己的力量來源，否則，自我毀滅的傾向將會在心中日漸茁壯。

對於知名藝人的自殺事件，一般人多半認爲：「明明已經獲得那樣的地位和掌聲，應該沒有理由自殺才對。」不過從這些藝人的角度來看，一旦成名，自我意識就會增強，也變得更加敏感。他們知道自己總是受到別人關注，而「我」也在不知不覺中消失了，只看得到別人眼中的自己。

成爲公衆人物後，只能與極少數的人往來；不能隨便去自己想去的地方，也不能隨便和想見的人見面。隨著活動範圍日趨狹窄，自我意識卻日漸強烈。自我意識的增強讓他們更常受到壓力影響：容易因負評或謠言變得脆弱，也容易爲了忘卻壓力而沉溺於酒精或藥物；遇到困境時，更容易放棄自己。有句話是這麼說的：「名聲背後，總有個拿著斧頭的人等著砍我。」這個「拿著斧頭的人」就是自己。

完美主義讓憂鬱症更嚴重

面對困難時，有些人會更投入學習或更努力工作，用行動來掩飾內心的痛苦。這種人其實非常多，但奇怪的是，在別人眼中，他們之中的許多人似乎過著成功的生活。

確實，即使是憂鬱傾向較強的人，只要意志堅強，也能在世俗中取得一定的成功。這樣的人減少與他人往來的時間、不懂得享受生活樂趣，一逕埋首於工作中，於是被認定為「模範生」或「工作機器」，並在自己所屬的領域中獲得一定的成就。但正是這樣的人，往往會在最後一刻崩潰，或是即使獲得了成功，也很快便陷入憂鬱。

看在別人眼中，明明什麼問題都沒有，他們還是在轉眼間就變成了憂鬱症患者。他們所經歷的痛苦出乎意料的深沉，因為自尊心不允許自己不拚盡全力。

美國心理學家暨商業顧問茱蒂絲·巴德威克（Judith Bardwick）曾說：「如果工作狂的自我是雞蛋，那麼它們都裝在一只名叫『工作』的籃子裡。」

這些工作狂不會尋求專業幫助。可能出於驕傲、羞恥、面子等原因，而他們也有一種「幸福生活不適合我」的定見，並把遭遇痛苦當成人生的最終目標。這樣的人崩潰時，不但難以向他人求助，也很難接受別人的幫助，因為身為「工作機器」，他們並不喜歡與他人交流，也經常保持警戒。這眞是一種非常孤獨的生活。

因此，不要以爲只要成功或不必再爲錢擔心，就能免於憂鬱症。憂鬱症如此常見，以至於沒人能篤定地說自己絕對沒問題。憂鬱是對喪失的反應，邁向成功的道路上，只要失去過什麼，就有可能罹患憂鬱症。

爲了獲得成功和幸福，持續在成功之路前進時，必須注意自己所擁有的「關係」。除了人際關係，與過去、現在和未來的心理連結也很重要。

沮喪時，內心往往充滿對過往的悔恨，因此產生的憂鬱感會使我們無法好好活在當下，並干擾自己與未來的關係。如果覺得未來看起來像是壞掉的電視螢幕一樣扎眼，最好趕快調整一下心態，讓自己專注於當下。因爲不確定的未來會剝奪我們前進的動力，讓自己更容易悲嘆過去的錯誤，陷入惡性循環。

會落入完美主義陷阱中的人，往往也是那些不斷回顧過去、消耗現在能量的人。把所有時間用於追求完美，就會錯過「從失敗中學習」的重要機會，反而讓你離完美越來越遠——就算有能力，也錯過了機會。

據說中國的商湯王子履在自己的臉盆刻上「苟日新，日日新，又日新」，好讓自己每天洗臉時都能看到這句話。像這樣以「每天都要做更好的自己」爲目標，眞的很了不起。但這個世界上沒有什麼是完美的。一旦沉迷於完美主義，就會像跑步時四肢遭到束縛般進退維谷，效率反而會降低。

就算擁有高遠的目標，也請務必捨棄完美主義，才能讓自己的步伐更輕快。不要被無法實現的完美束縛，專注於現在能做的事，並一一付諸實踐。

另一方面，有人會反駁：「但我就是感受不到幸福啊！我別無選擇，只能讓身心都以成功為目標，繼續前進。」然而，世界上也沒有絕對的不幸。請以眞誠關懷的態度與自己的心對話：是什麼讓你沮喪、感覺不幸呢？

就算一次也好，請各位試試以下這個方法：

拿出一張紙，在中間畫一條線，把自己擁有的寫在左邊，缺少的寫在右邊。寫完之後，你或許會發現自己擁有的比想像中多得多。身體強壯的人，可能會成為殘疾者畢生羨慕的對象；聰明的人，往往會受到才智平庸者的欽佩；沒有家人的人，多半羨慕擁有父母手足的人。

一切取決於你。觀察的視角不同，就能讓相同的事物看起來完全不同。

區分孤獨和寂寞

一般來說，孤獨是「寂寞地獨自一人」的意思。獨自一人的原因有很多，有時是因爲沒有人陪伴，有時則是因爲想獨處。但「寂寞」卻是一種難以忍受的感覺。

無論現代社會有多強調個人隱私，與人親近、保持聯繫仍是人類的基本需求；但只要聚在一起，多少會受到干擾——想要自由，又不想寂寞是很難的，這正是矛盾所在。

聰明的人會將「孤獨」和「寂寞」區分開來：**孤獨指的是「一個人獨處的樂趣」**，寂寞**則是指「一個人獨處的痛苦」**；孤獨可能是一種需要追求的理想，寂寞則是一種需要排遣的情緒。

孤獨能使人更堅強，但如果你沒有「獨處的能力」，那麼要做到這一點，相對來說比較困難。想要不受他人束縛地自由度日，就必須付出一些代價。

寂寞會滋生寂寞。一個老是覺得寂寞的人，會讓人覺得不舒服。這樣的人爲了排解自己的寂寞，會吸走其他人的能量，最終卻使得別人不敢靠近。接著，他們變得絕望與憤怒，認爲自己遭到排拒，甚至想用自殺來報復身邊的人。寂寞的人認爲，只要自己死了，身邊的人必然會感到痛苦——當然，有些人會爲此哀悼，彷彿自己的一部分也跟著死去；但隨著時間推移，他們的死亡終將被遺忘，埋葬於忙碌的日常。

一般來說，消除寂寞的方法就是待在他人身邊。但就算與某人一起吃飯直到深夜、喝得酩酊大醉、在KTV唱到燒聲，再拖著疲憊的身體回到空無一人的家中，難道就能感受到幸福嗎？心裡的空虛就能被填滿嗎？

爲了對抗寂寞，許多人轉向宗教。但宗教的眞正內涵在於透過神，讓自己與內在相遇。光是與信仰相同的人們聚會，寂寞並無法消除半分，因爲「身處其中」並不代表彼此眞的「在一起」。試圖藉由走入人群來擺脫寂寞，就像感冒時服用退燒藥一樣，只是壓制症狀的權宜之計。

透過社會契約消除寂寞的方法之一是婚姻。雖然它看似能夠治癒寂寞，但它所提供的安全感是很短暫的，更何況，婚姻的甜蜜也不可能永遠持續下去。

與過去相比，現代人對婚姻擁有更高的自主權，以前那種「不結婚就要當一輩子老姑婆」或「結婚就是爲了生兒育女」的壓力已經減輕許多，婚姻對社會所提供的紐帶作用也正在減弱，離婚更已成司空見慣之事，「一人家庭」的時代已然到來。

然而，就算有「不婚」的自信，也無法讓人免於寂寞。我們需要將寂寞昇華爲孤獨的能力，並加以活用，好讓自己更樂於一個人的生活。

說穿了，人類從出生到死亡，始終都是一個人。有人說，所有結婚的人一生至少會動過一次「想離婚」的念頭；更何況，即使是相伴到老的夫妻，最終也會分手——妻子或丈夫，總有人會先走一步。

這樣說來，想遠離寂寞大概是不可能的吧！

儘管寂寞多半被認爲是一種「自己與他人的關係」，但從精神分析的角度來看並非如此。**寂寞是「內在的我」和「現實的我」之間的斷裂狀態**。與人見面、聊天、參加聚會、喝酒狂歡並無法解決問題；沉迷於電視或電影，也只是消磨時間的一種方式，不能從根本上消解寂寞；就算假裝忙碌，終究騙不過自己的心。

想要恢復連結，就必須借助「孤獨」的力量。孤獨並不表示與世隔絕，而是指有餘裕與能力審視自己的內心，並樂在其中。

進入孤獨，與內心的自己面對面聊聊吧。**看見目前爲止的人生是怎麼走到這裡的，並找出活著的理由與意義，以及生命的樂趣。去發現自己害怕什麼，以及是否眞的值得害怕。**有時我們需要整理一下自己的思考抽屜，孤獨也能讓生活的節奏變慢一點。孤獨讓我們成長。

唯有彼此都是懂得獨處的人，這樣的相遇才能長久、眞誠。這就像兩個獨立國家之間的邦交一樣，而不是占領國與殖民地之間的關係。如果自己的心對某人來說，不過是塊殖民地，自己就無法與對方建立平等幸福的關係。

絕望的爆炸性能量

絕望是一種「所有希望都消失」的狀態，在這種狀態下，不會對任何事抱有期待。絕望的人看不到周圍的一切，無法集中注意力，甚至沒有能力做出正確的決定，生命面臨危機。絕望就像一座活火山，外面看似平淡無奇，內在卻不斷沸騰冒泡，就像一顆已經啓動的定時炸彈。

比方說，得不到自己想要的愛情，甚至所愛之人已經遠離，自己只能放棄，並覺得人生毫無希望。這時候，爲了保護自己的心，「否認」這項防衛機制便會啓動，並說：「我根本不愛他！」因爲接受對方離開的事實眞的太痛苦了。

此外，一旦陷入深刻的絕望，人們很容易變得自我厭惡；情況再嚴重一點，甚至有可能走上絕路。

不要懷疑，近年來名人自殺事件層出不窮，考慮到隱藏在「成功」與「高人氣」背後的焦慮、憂鬱、絕望和憤怒，這樣的傾向未來應該不會有太多變化；嘗過絕望滋味的普通人當然也不例外。

身處絕望中的人看似無助，但絕望所具備的能量卻是爆炸性的。當絕望產生的仇恨指向他人時，甚至有可能導致殺人事件——隨機殺人犯就是一個例子。他們自暴自棄，無法客觀地審視自我。若只想借助仇恨的力量，試圖報復那個讓自己陷入絕望的人，那麼自己與他人的人生終將變成一場悲劇。事實上，復仇本身就像抓在手中的沙子般難以掌握，以爲抓住了，卻無法留在手中；而「令人滿意」的復仇，更是不可能的任務。

但從另一個角度來看，如果能把仇恨的爆炸性能量轉爲積極的力量，就能在生活中找到動力和自信。曾任英國首相，同時也是小說家的班傑明·迪斯雷利（Benjamin Disraeli）曾說：「有時絕望會給予我們強大的鼓舞，一如我們的天賦。」事實上，確實有人以絕望帶來的仇恨爲動力，更堅定地活出自己的人生——中國西漢時期的司馬遷就是這樣的人，他將自己所受的刑罰與屈辱予以昇華，終於完成《史記》這部史學上的不朽之作，這正是化絕望爲動力的最佳例證。一如每枚硬幣都有正反兩面，無論經歷多悲慘的遭遇，我們仍必須接受這樣的事實：人生海海，潮起潮落，希望和絕望總是互相交織。

最絕望的絕望，是親近之人的死亡。美國精神病學家托馬斯·赫姆斯（Thomas Holmes）和理查·拉赫（Richard Rahe）爲了衡量壓力的高低，發表了一份「社會再適應壓力量表」，共評估了四十三項重大生活事件的壓力值，結婚的壓力分數是五十，配偶的死亡則是最高分一百。

死亡帶來的衝擊和悲傷的情緒是如此強烈，人們有時甚至會追隨死者而去；就算肉體還活著，內心也與死去無異。因此，在故人的忌日或生日當天覺得格外憂鬱，其實是一種很常見的症狀，甚至還有用來形容這種狀態的術語「週年紀念反應」。

死亡並不是讓人們分離的唯一原因。由於無法避免的現實因素，或是人性的愚蠢和誤解，人們最後可能別無選擇，只能分手。心碎的傷口總是陣陣抽痛：所愛之人已經遠走，明知道再也回不到過去，卻總覺得對方或許會出現在下一個街角。我們不想離開家，因爲對方說不定還會回來看看；我們不願放開手機，因爲不知道對方什麼時候還會捎來消息……

彷彿身體的一部分消失似的，這種震驚令人痛苦與混亂。眼睛彷彿壞掉的水龍頭似的，淚水不停地流；即使有人想給予安慰，我們也壓根不希望對方靠近。

喪失和背叛不一定發生在戀人之間。倘若遭到朋友或長期信任的人背叛，只要一聽到對方的名字，感覺就像在尚未癒合的傷口上撒鹽般痛苦；聽到他人輕易說出「應該重修舊好」之類的話語時，傷口便會再次裂開，鮮血汩汩流出。

儘管如此，**最好的報復並不是花費時間和精力試圖毀掉背叛自己的人，而是完全遺忘。**

8

當自戀的傷口流出鮮血——憤怒

人類的文明始於兩名憤怒者對彼此投擲了語言，而非石塊。

——佛洛伊德

憤怒是棲息於心中的老虎，你永遠不知道它什麼時候會衝破「內心的牢籠」跳出來。英國詩人威廉．申斯通（William Shenstone）曾說：「憤怒是一種非常強大的力量，只要能駕馭它，就能將它轉化爲推動整個世界的力量。」我們可以說，沒有任何情緒能像憤怒那樣強烈地驅動人心。

生氣時，能使交感神經興奮的壓力荷爾蒙會急速分泌。心搏加快，血壓升高；爲了做好攻擊與防禦的準備，你的肌肉會繃緊，臉上也會浮現憤怒的表情。發怒的能力對生存至關重大。比方說，在路上遇見流氓，這時便需要透過憤怒提供能量，好讓我們擺脫對方。即使在日常生活中，有時也需要生氣（或假裝生氣），好讓其他人能注意聽自己說話。

憤怒既不能過度壓抑，也不能過度展現。過度壓抑時，白天時會以身體症狀的方式外顯，夜晚時則會轉化爲惡夢。反過來說，如果完全無法克制自己的怒氣，那麼它將如同脫韁野馬般失控，導致我們經常與他人發生爭執，人際關係也會受到影響。

只要有充分的理由，生氣就一點都不奇怪；強迫自己否定或試圖忽視它，反而是種不自然的行爲。但另一方面，我們不一定非得將憤怒的情緒與行爲綁在一起——這往往會讓我們在事後搥心肝，自責不已。

憤怒的表達方式不只一種

當然，如果不考慮後果的話，主動表達憤怒的方式有很多種。想像一下，自己一邊走在街上，一邊揮舞著拳頭，人們當然會避開你；要是遇上脾氣差的傢伙，說不定還會大打出手。又比如說，你正在開車，一路上不停按喇叭。感覺當然很爽，但因此覺得被冒犯的人可能會停下來，向你抗議。

生氣時，許多人應該都有摔東西的衝動吧？要是不小心打破玻璃，最後苦的還是得收拾這殘局的你。如果不想落得這種下場，那麼該怎麼辦才好呢？

表達憤怒時，不一定要有很激烈的身體動作或攻擊性，讓自己更有自信或引人注目也是一種方法。比如穿上平時不敢穿的鮮豔印花洋裝，或是把亮眼的色彩穿上身；即使只是一件樣式誇張、「攻擊性很強」的首飾，也能讓人眼睛為之一亮。

曾因電視劇《我的老闆是惡魔》而風靡一時的流行語「edge點」，和「剃刀」之間其實是有關連的。剃刀的刀刃不同於一般刀具，給人一種格外冷冽、果斷的感覺。在英國作家毛姆（Somerset Maugham）的小說《剃刀邊緣》中，剃刀象徵著生活總是無情地襲擊人們，欲存活者無不艱辛。如果無法理解剃刀與攻擊性的關聯，不妨看看阿根廷畫家封塔那（Lucio Fontana）的作品，他在畫布上劃開一道又一道痕跡，除了以破壞畫布來創造新的空間、與未來建立聯繫，同時也是一種攻擊性的展現——他的創作充分表現出自己曾在戰爭中受傷的經歷與苦痛。

言語也是一把鋒利的刀，是藉著傷害他人，以撫平內心憤怒的絕佳工具。使用時，請盡可能選擇具有威脅性的措辭；若你覺得這太過分，也可選擇讓對方感覺尷尬或不悅的玩笑。就算因此發生問題，也可以用「我只是開玩笑」輕描淡寫地帶過；倘若只有你與對方兩人，那就堅持自己「從沒說過這種話」吧，哪怕這些話日後將使你耿耿於懷。此外，還要找出對方自尊心的「死穴」，積極攻擊，並透過策略性行動，使對方的自信消失殆盡，讓他在衆人面前覺得下不了臺，對他生氣時所說的話也完全不理會……

你可能覺得不可思議：「精神分析師說這種話對嗎？」別鬧了。即使是一般人，也不可能給出這種建議，更別說諮商師或精神分析師了。畢竟言語如刀，這麼做必然會導致關係破裂。與其眞的付諸行動，不如在心裡這樣做，可以暫時讓自己的心情獲得淨化、宣泄。

重點不在「爲何生氣」

內心充滿憤怒不利於心理健康。憤怒會使得判斷力下降，滋生懷疑與偏見。憤怒與沮喪可說是人生的障礙物。人人都希望自己的人生能步上康莊大道，但在自我實現的過程中，一旦遭遇坎坷，便會帶來憤怒與沮喪。爲了保護不甚順遂的自己，也爲了克服挫折帶來的羞愧感，可能會湧現更強烈的憤怒。

不知道自己爲何生氣是很尷尬的。這種時候，人們往往會向外尋找理由，因爲這樣比較簡單；但事實上，除非向內找出潛伏於內心的眞正原因，否則無法控制怒氣。問題是，人們討厭這麼做，因爲我們知道軟弱的自己正蜷縮在憤怒底下，所以才需要一隻代罪羔羊。只要把無辜的第三者捲進來，就能讓憤怒消失。

憤怒的表現不一定是爆發性的，它也能有如微微細雨，讓人在不知不覺淋濕、覺得不舒服。其中一種方法是即使面對面也不說話，或是工作的速度比平常慢，或是明明需要趕快完成的事，卻做得慢吞吞的，帶給其他人困擾。

如果是一名上班族，你可能會這麼做：故意搞砸一項專案，結果不只是你，連上司都跟著完蛋；花費大量時間做無關緊要的事，卻草率處理重要的工作。儘管這聽起來有點不可思議，但人們眞的會這麼做。人類是自私的動物，爲何會做出這種不利己的事？

事實上，這是「潛意識」在自己沒注意到的情況下所採取的行動。正如美國演員暨作家馬拉奇．麥考特（Malachy McCourt）所言：「懷恨在心，一如自己喝下毒藥，卻等著別人死。」

偷偷表現憤怒的人，就像暗中監視別人的特務，他們會慢慢累積怨憤的能量，在人後碎念，卻不與對方目光相交，因爲他們害怕被對方看穿自己內心的怒火。也有些人一找到機會就想讓對方難堪，或是四處散布有關對方的流言蜚語，網路就是他們最方便的工具。如此一來，不必親力親爲，也能煽動他人發動攻擊，自己則退居幕後看好戲，眼睜睜看著對方陷入困境；有時則親自上陣，像足球隊的前鋒般窮追猛打。

還有與前面這幾種完全不同的方式：不時熱淚盈眶，好觀察對方的反應；時而裝病示弱，好留意對方的表現；或是故意出錯，再加上一連串「對不起」好折磨對方——用精神分析的術語來說，這稱爲「被動攻擊」。

人們可能會用看似不相干的方式來表達內心的憤怒。例如爲對方犧牲奉獻、鞠躬盡瘁；一邊說自己非常辛苦，一邊又斷然拒絕對方的幫助。一切都是爲了想讓對方深陷罪惡感之中。另一種可能，是以冷嘲熱諷的方式來迴避。有些人不想花力氣去表達憤怒，便化身冷酷的旁觀者，在對方努力解決問題時袖手旁觀，一個勁地潑冷水：「這根本不可能辦得到。」隱藏在冷嘲熱諷背後的，正是強烈的怒意。

人們會盡最大的努力避開艱困的處境，因爲生活就是這樣，陷入衝突只會令人頭疼，使得迴避成了最好的選擇。

迴避型的人往往會逃進幻想世界裡。只要繼續留在裡面，就可以掩蓋憤怒的情緒，這也是爲什麼許多人碰到討厭的事情時，會轉而沉浸在電影或電腦遊戲中的原因。

另一方面，有些人試圖過著幾近強迫的完美主義生活，被動展現自己的憤怒：徹底洗手、穿著打扮無懈可擊、鞋子擦得鋥亮、桌上一塵不染，一切物品都擺放得整齊妥當。

當憤怒達到極限時，最先遭殃的往往是眼前的東西——抓起來，摔出去，理所當然。在這些「東西」裡，受其影響最深的，莫過於人際關係。東西摔壞了再買就好，人際關係卻是千金不換。「以後不要再見面了！」這種話一旦說出口，便是覆水難收，卻有許多人會透過斷絕關係來表達自己的憤怒。

人際關係一旦破裂，必須付出極高的代價才有可能修補。許多人以爲關係和物品沒什麼兩樣，可以隨時隨地按自己的心意清理或復原，但任何一段關係都牽涉到另一個和自己一樣生活、呼吸、思考、感受和行動的個體。因此，不管有多生氣，都不能輕易說出要斷絕關係的話。

進行精神分析時，個案的怒火往往會像傾盆大雨般朝著分析師襲來。如果是一般人，或許會以平常的方式反擊，但受過訓練的分析師能保持冷靜，以便找到這股憤怒背後的涵義。這時，分析師會透過「反移情」（以較寬鬆的定義來說，指的是治療者對個案所產生的情緒反應），將焦點放在自己感受到的不悅或怒意，並試圖進行解釋——這需要長時間的訓練和經驗的積累。在這種情況下，分析師不應生氣，因爲這樣只會破壞彼此的關係，迫使治療中斷。

如同分析師面對個案，我們需要的是學習如何有效處理從潛意識湧現的憤怒。感覺生氣時，請將這分情緒喚進意識世界，與它並肩討論，並試圖找出可能的解決方法。

如何面對憤怒？

首先，我們可以透過觀察心理與身體的狀況，來判斷現在所感受到的情緒是否為憤怒。如果臉部開始變紅、心跳加速、語速突然變快、步伐變得急促，或者突然拉開抽屜動手整理……這確實是在生氣沒錯。我們可能無法馬上知道自己為什麼生氣，但重要的是盡快平息怒火，為此，可以先做幾個深呼吸──聽起來沒什麼了不起，卻很有效。

為了吸飽氣，你必須先吐氣。呼吸困難時，想吸入更多空氣是很費力的，因此，先吐氣，才能為新鮮空氣留出空間。

深呼吸時，以吸氣三拍、吐氣五拍的韻律反覆進行，同時想像手腳變得沉重，指尖浮現溫暖的感覺。

如果把內心的憤怒比喻成一隻老虎，那麼你可以在腦海中想像自己讓那隻跳出籠子的老虎平靜下來、讓牠變回「大貓」，再引導牠回到籠子裡。接下來，我們要幫助老虎表達自我，好讓憤怒能安全地納入心中；畢竟憤怒也是自己內心的一部分，是自己創造出來的。

現在，我們可以想想：真的有必要發洩這股怒氣嗎？值得嗎？如果覺得有必要，那麼除了平常的方法，是不是還能找到其他方式？

接著，我們可以試著轉換視角，站在對方的角度思考。當然，生氣時還要設身處地為對方著想是很困難的，但只要反覆練習，就能漸漸成為習慣。在理解對方的處境與感受的同時，也能思考自己的憤怒從何而來，而不是一味歸咎於「都是他的錯」。

透過持續反思，或許就能發現：原來是對方的什麼言行觸動了內心的某個敏感點，才引發了憤怒的反應。請試著思考這些敏感點是什麼，以及是否值得因此生氣，並開始與對方對話。

在這個階段，慎重選用字詞真的很重要。劈頭就告訴對方「我很生氣」，可能會讓他覺得有壓力，因此你可以說「我覺得心情不太好」，然後等一下。對方可能會感到好奇，並反問你覺得哪裡不對勁，這樣一來，雙方就能再往下聊了。

這時，你需要一步一步小心地進行對話，就像剝洋蔥一樣，才能避免憤怒的火山突然爆發，而對方也不至於因此出現太激烈的反應或試著「逃生」。

值得注意的是，之所以說要「慎重選用字詞」，並不是要壓抑情緒，而是為了好好地將「自己正在生氣」的訊息傳達給對方。

如果對方剛好是有點遲鈍的人，說不定直接對他說「我在生氣」還比較好。面對這樣的人，不要兜圈子，不要試圖依對方的反應調整自己說話的方式，因為對方很可能完全無法理解我們的情緒，反而使情況變得更複雜。

如果不得不發火，那麼我們必須好好選擇生氣的方式。有好的方法，也有不好的方法。發怒前，應該要確保自己能對所選擇的方式負起完全的責任。即使自己的確是被惹毛的那個人，卻不表示就有權利隨意發洩怒火，我們得爲自己的行爲負起全責。因此，請盡量選擇好的方式，在尊重對方的前提下，簡單扼要地表達自己的不滿：「你這樣對我，讓我很生氣。」再採取相應的措施。最典型的糟糕方式是使用暴力，因爲暴力只會招來更多暴力。

請直接向「肇事者」表達自己的憤怒。向錯誤的對象發火是毫無意義的，只會徒增對我們不爽的人；欺負弱小或對無辜者捅刀，更是不公平的。

只要專注在讓自己生氣的言語或行爲就好，不要將對方的性格、過去不愉快的經歷，甚至是對方的家人捲進來。儘管讓自己生氣的事情在當下看起來是件大事，但從長遠來看，說不定只是小事——除非攸關生死，否則都不算是什麼非得拚個你死我活的大事。

憤怒會影響判斷力。在咆哮中，眞相被扭曲，片面的事實被當成眞理。怒火攻心時，難以聽進他人的話，因爲這個時候，名爲「敵意」的高性能轉化器在心中生成，將所有善意的話語扭曲爲惡意滿滿的攻擊。因此我們必須有意識地努力聽見別人在說什麼，並將名爲「寬恕」的濾片安裝在轉化器上，好幫助它校準。

憤怒是從自戀的傷口所流出的鮮血。只要自己所秉持的價值觀遭到他人貶損，我們就會透過憤怒來保護自己。所謂的「自戀」，是對自己與個人內在價值觀的愛。它希望我們能永遠成爲舞臺的中心，當個總是沐浴在聚光燈下的主角；但要是無法如願以償，焦慮、憤怒和羞愧就會立刻找上門來。

比方說，爲了炫耀自己的戀人，於是邀請朋友一起共進晚餐；卻因爲戀人對朋友表現出很感興趣的樣子而生氣，這就是自戀之心受到傷害的證明。不論任何時候，三人行總是危險的。

眞正有自信的人不會經常生氣。反倒是那些堅持認爲自己比別人優秀的人，只要自尊心受到一點傷害，烈火般的憤怒馬上就會熊熊燃燒起來。這是因爲他們覺得自己一直堅持的理想自我形象遭到了否定。

事實上，只要平時就能透過小小的成功累積自信和自尊，就能讓憤怒減少許多；此外，如果我們能接納他人原有的模樣，就不至於對他們抱持著過高且不切實際的期望，從而降低發怒的可能性。或許我們無法改變世界，但至少可以改變自己。

9

不過是站上了新的起點——挫折感

為什麼我們總是表現得宛如世間萬物皆為友愛與信賴？
明明無論何處，無論何物，
都充滿了突如其來的憎恨與醜惡。

——安娜．佛洛伊德

人生的核心是什麼呢？

我想應該是「挫折」吧。我們抱著期待而活，並經歷其結果；然而並非所有心願都能實現，挫折與失望當然也隨之而來。

挫折，意味著情緒之河的流動遭到中斷。渴望被填滿的欲望遭遇阻礙，想實現的期待終究落空，就像在前進的道路上遇到了只能折返的死巷。挫折的滋味令人感到悲傷、憤怒與沮喪。

或許大家對這樣的描述並不陌生：「看不到前進的道路。還以爲自己已盡力做到最好，此刻卻覺得獨自站在黑暗洞穴裡的迷宮正中央，渾身顫抖。不論怎麼尋找，都看不見出口。怒火湧上心頭：到底是誰，又爲何阻擋了我的去路？」

這就是挫折感。

人生有許多墊腳石，也有許多絆腳石。當你朝著目標前進時，卻一個不小心被絆倒了，受傷的膝蓋流出鮮血，此刻湧現的感受就是挫折感。想追求的目標越遠大，受挫時的沮喪就越深；但這不是因爲絆腳石太大的緣故，而是我們對目標的渴望太強烈所造成的。發現這一點，正是深入探索潛意識的意義所在。

我們能改變命運嗎？

受挫之人總是擔憂，但擔憂只會浪費能量；就像在原地打轉，不能前進，也無法後退，徒然消耗自己的精力。

受挫之人也是危險的。不論對自己、家人或周遭的人，他們就像不定時炸彈一樣，要是處理不好的話，說不定隨時都有可能爆發。發生在許多國家的校園槍擊事件，多半是某種挫折所招致的結果。在父母壓制下成長的孩子，如果無法擺脫束縛，可能會藉由暴力，將他們感受到的挫折加諸於弟妹或小動物身上。

當人生不如意時，安慰自己最簡單的方法，就是歸因於「命運」。當我們說「一切都是命」的時候，儘管心情可能會變得輕鬆，卻對實際情況沒有多大的幫助——我們只是使用了「合理化」這種防衛機制。從精神分析的角度來看，無論是性格、防衛機制和應對方式，全都是「命運」的一部分；但我們以爲是「天生」的命運，其實是以童年經歷爲起點，在成長過程中逐漸定型、穩固，並且不自覺地重複這些行爲模式，再將結果推到命運頭上。

所以，人們總是不斷感嘆「我命如此」，因爲只要接受命運，就毋須負擔責任，心情也能暫時變得輕鬆。但是當我們無法接受命運時，又該怎麼做才好呢？

你想改變命運嗎？

如果眞的想，首先要了解自己潛意識裡一再重複的模式，並加以改變。爲了做到這一點，你該做的不是一受挫就關在房裡閉門不出，而是採取行動，如此一來，才能疏通堵塞在心中的挫敗感，讓明亮的感受再次於心中流動；哪怕只是拿起牙刷刷牙之類的小事，都能讓你從沮喪所導致的空轉中走出來。

要弄破氣球，不必出動大錘子，只要一根細針就能辦到。只要從小事開始做起就行了。

挫折不一定是壞事，適度受挫反而有助於養成堅韌的內心；當然，一次極大的挫折可能會將人徹底擊垮。因此，應該像接種疫苗般聰明地體驗它，既能增強免疫力，又能避免疫情爆發——所謂的「聰明」，指的是對於生活中所發生的事情，不要太過欣喜，也不要過分憂懼。好事發生時，就當成「賺到了」；壞事發生時，就當成幫自己打個預防針。換句話說，就是正向思考。

精神分析與挫折感

精神分析有助於理解挫折的意義，並培養應對能力——這是一個「熟成」的過程。實際進行精神分析時，分析師不會對個案說太多話，主要專注於聆聽；個案則要盡可能完整地將心中浮現的想法與感受告訴分析師。如果分析師話太多，並當面對個案表示自己的觀點，那麼就該懷疑這位分析師是否接受了正確且足夠的訓練。

另一方面，即使個案提出問題，只要分析師認為不回答或暫緩回答有利於分析進行，他就會這麼做。這可能讓個案感到挫折，但有趣的是，這種感受對內省而言可說大有助益：與輕鬆就能得到的答案相比，得不到回答的不滿足感，可能會帶來更深入、更徹底的自由聯想。在此過程中，個案對分析師產生的移情（將自己對某人所產生的感受導向分析師）或心中浮現的幻想，都有可能帶來額外的幫助。

一旦能將分析過程中與過程以外所感受到的挫折感連結起來，就能更明確地解釋個案的性格或內在衝突的結構。因此，儘管「挫折」聽起來很負面，卻也能做為治療的工具，稱之為「適當的挫折」（optimal frustration）。

挫折是成長必備的一帖良藥。為了打造強韌的刀劍，鍛刀人需要不斷重複加熱與冷卻的工序。挫折並不代表人生的終點，只不過是站上了新的起點罷了。

10

想逃也逃不掉——猶豫與自卑

凡是有眼能看、有耳能聽的人，
必會確信人類無法保守祕密。
即使嘴唇保持沉默，他的指尖仍會喋喋不休。
他身體的每一個毛孔都會透露出訊息。

——佛洛伊德

「猶豫」，從精神分析的角度來說，稱之爲「矛盾雙重性」（ambivalence），意思是對同一個對象同時產生兩種完全相反的情緒或態度。比如說，對母親又恨又愛，就可以使用這個詞語。這種矛盾雙重性是存在於潛意識的，而一般所謂的「猶豫」，指的是因爲對某項人事物的理解不足，導致無法做出決定，是包括了意識層面的。

猶豫意味著停滯不前。心情上並不安穩，總覺得不太自在。之所以不自在，是因爲雖然想前進，卻又覺得不該前進，兩種想法同時湧現的情況下，冷靜不下來也是理所當然的。更何況，又沒有人任何強迫，是自己選擇陷在兩難中的，到最後也只能等到所有力氣用盡，頹然無力地倒在原地。

優柔寡斷的人，都有猶豫的習慣。習慣，是深深銘刻在內心深處的東西，就像掛在家門口的褪色門牌，布滿了歲月的痕跡。因爲是習慣，所以毫無抵抗地接受，輕易地一再重複做出同樣的行爲。猶豫是個礙事的傢伙，太過優柔寡斷無異於浪費生命；但從另一方面來看，適度的遲疑也是成長必須付出的代價，因爲毫不猶豫的人，反倒容易犯錯。

名爲「完美」的陷阱

要能如流水般毫無停滯地生活，需要培養洞察猶豫的能力，同時也需要了解自己爲了什麼舉棋不定。但事實上，立刻知道自己爲何遲疑是很困難的，而猶豫這件事也比想像中更複雜，完全沒有表面上看起來這麼簡單。

人類的迷惘，始於追求完美。不但無法接受自己的不足之處，內心還會對我們竊竊私語：「你必須變得完美才行。因此，在做好最完善的準備前，絕對不能行動。」即使左腳想前進，右腳也會拚命阻止，才讓我們總是站在原地，徘徊不前。

這時，若看見別人走在前面，而自己仍停留在原地時，難免會覺得不安，於是我們告訴自己：「只要我準備好了，我會用跑的趕上其他走路的人，而且馬上就能超越他們。」

但這種想法裡存在著陷阱：

首先，要學會走或跑，就得先知道怎麼跌倒，才會知道一旦跌倒了要怎麼站起來，你的步伐也才有機會變得更穩健，不至於走三步摔一次。

你還記得自己是怎麼學會走路的嗎？試著想想嬰兒學步的情景吧！蹣跚走了幾步，跌倒，哭泣，站起來，再次嘗試。將這個過程重複無數次，直到最終能穩步前行，甚至奔跑。並不是從一開始就完美無瑕，而是從失敗中慢慢學習，直到能夠熟練爲止。

「做好完善的準備就能行動」是自相矛盾的。再怎麼銳利的矛都刺不穿的盾，和無論多堅固的盾都能刺穿的矛，兩者都是不存在於這個世界上的。對完美的渴望不過是種幻想，甚至可說是種妄想。

我懂。如果每次面對新的挑戰，結果卻總是不盡人意，那麼會對所有事情感到遲疑是理所當然的，心裡說不定還有一道「新挑戰＝失敗率一〇〇％」的公式。但我們應該把這道公式改換成「新挑戰＝成功率五〇％＋失敗率五〇％＋學習機會一〇〇％」，因爲人類需要藉著犯錯來學習。儘管這麼做可能會傷害我們的自尊心，卻也是讓自己成長最簡單的方法。一次失敗就眞的只是一次失敗，是告訴我們應該調整方向的回饋。

從錯誤中學習是人生的本質與成長的過程。有過程，才有結果；除非你是能飛上天的超人，否則任何人都得一步步踏上階梯，才能到頂樓欣賞美景。如果打從一開始就只想追求完美，將導致你站在生命的重要「樓梯」前徘徊不前，最終招致遺憾。一個從未踏上階梯的人，如何能欣賞一望無際的美景？

猶豫不盡然是壞事，而且在某些情況下，我還會鼓勵大家猶豫，因爲有些時候，決定做得太快反倒會帶來風險；要是結果不如意，還會被指責爲「衝動」。以初入職場的菜鳥來說，被主管批評「思慮不周」時，應該會難過到不行，甚至還要灑幾滴清淚。但如果能先耐住性子，觀察並模仿他人的做法，那麼在工作上要達到平均水準，應該就不會是太困難的事。換言之，有必要的時候，應該懂得策略性運用「猶豫」。

對潛意識世界的探索，能讓我們將存在於其中的東西帶到意識層面，而猶豫可以是鞏固治療基礎的方式之一。在精神分析中，透過猶豫表現出來的矛盾雙重性，可以讓分析師深入個案的內心深處。

舉例來說，如果個案大量提及對父親的愛，這很可能表示他心中隱藏著對父親的憎恨，且無法對其他人言說。在意識層面是愛，在潛意識層面是恨，這兩種完全相反的情緒同時存在，暗示個案內心有著與父親相關的矛盾糾葛。透過分析這種衝突結構，就能讓個案以更一致的方式看待並接納自己的父親，矛盾雙重性也因此成爲發現並解決長年衝突的的關鍵。

有如爆米花膨脹的自卑感

「我非常討厭被媽媽拿來和她朋友的小孩比較。他們念什麼學校、在哪裡上班、年收入有多少，到底跟我有什麼關係？隨便啦，我眞的不在意這些事。但是對爸媽來說可能不是這樣吧，所以每當他們提到諸如此類的事情，我都會很在意父母臉上的表情，變得小心翼翼的。如果比較的對象是自己的兄弟姊妹，情況就更複雜了。不論做什麼事，我都希望有自信，但總忍不住猶豫起來。」

猶豫，代表注意到他人的反應；當然，每個人都會藉由觀察他人的反應以做出選擇，我也會留意自己的反應——我在看「超我」，或說「理想自我」的臉色。倘若超我與自信之間的差距過大，就會讓人陷入巨大的自卑感中。

自卑感是兒童在發展過程中一項重要的概念。孩子年幼時，若父母以過度批判的態度對待他們，自卑感就會在孩子心中生根發芽。

這裡所謂的「批判」，意指父母無法寬容地接受孩子可能犯下的任何錯誤，而這多半肇因於父母自身的問題。比如說，因爲極度好勝，所以無法不拿自己的孩子與親戚朋友的小孩比較；或是因爲完美主義作祟，所以就算是微小的失誤，也不允許孩子出錯。

有趣的是，這些態度其實都源於父母自身的自卑感——自卑是會代代相傳的。

即使與同輩之間，也會因爲身高、體格等方面的差異產生自卑感。比如說，自覺不如別人出色、不夠酷、不夠有錢，當這種想法浮出意識層面時，就會令人痛苦。人生的導航系統就這樣迷失在自我認同的大海中，不斷「重新設定路線」，卻反而無法朝著目標前進。無論多努力振作，卻始終沒有自信，於是變得無精打采，畏畏縮縮。

與他人相比，自己顯得截然不同：他們的步伐充滿力量，眼神裡充滿自信。看到這樣的人，自卑感油然而生，就像被火烘烤的玉米，「碰」的一聲炸成了爆米花。

感受到自卑時，臉頰會發燙，肩膀會下垂，甚至覺得力量從腹部和腰部消失，好像連身高也縮水了。自卑感眞是可恨，但哪裡能找回離家出走的自尊心呢？難道要刊登遺失啓事嗎？尤其在年輕時，自尊心仍不夠穩定。我們的內心有部「自信測定儀」，當自信不足時，它就會提醒我們。自信是心的燃料，但你不可能光是因爲車子沒油就拋棄它，因此我們該做的，是減少自卑感，提升自信。

想要與自己和平共處，與他人和睦共存，我們需要的是調整優越感與自卑感之間的平衡。如果過分沉溺於優越感，就無法以客觀的角度看待他人；相反的，如果因爲過於自卑而一直把焦點放在別人身上，自己的存在就有可能在不知不覺間變得微不足道，人生也有可能「脫軌翻覆」。過度自卑，會讓我們貶低自己，也會對他人的讚美或批評過分敏感；甚至有可能因爲「代償作用」的緣故，導致看不起他人——這是將自卑投射在他人身上所造成的。

那麼，自卑是一件需要治療的事情嗎？

如果你的自卑感並不嚴重，而且可以活用它以達成目標，那麼這種自卑感並不需要治療。但如果情況已經嚴重到無法適應社會，且屢屢造成挫折，還是向專業人士求助比較好。

自卑感是我們身上的重擔，有時甚至會壓得人們無法呼吸。爲了擺脫自卑，我們每天都要付出許多努力，有些人會選擇避開人群，但也有些人會展現出攻擊行爲，如果不好好處理，可能會讓自己的人生變得越來越艱難。

治療的關鍵在於將遭到潛抑的自卑感喚進意識層面，正視它，並以「了解自己，接納自己，成爲眞正的自己」爲關注的焦點。具體來說，我們必須分析自卑感的成因、升級防衛機制，並修正自己的人際相處模式。

在審視個人局限性的同時，也需要接納並培養過去被自己忽視的優點，溫暖輕柔地用它們包覆自己的缺點——自卑感的根源所在。

11

與自己的競爭——嫉羨與妒恨

人類比自己以為的更有道德，
同時，也比自己以為的更不道德。

——佛洛伊德

嚮往、嫉羨（envy）和妒恨（jealousy）是住在同一個社區的鄰居。

其中，嫉羨是指「對他人的好運感到不快的情緒」。美國作家哈洛德．柯芬（Harold Coffin）曾說，嫉羨是一種「數算他人之幸與自己之不幸的技巧」。嫉羨是一種很常見的感受，並不稀有。凡是活著，內心深處總時不時覺得嫉羨彷彿夜晚的霓虹燈般閃爍著，而且「嫉羨」這個詞存在於所有語言中，是人類的本性之一。當你覺得「某人因演出一部電影而獲得天價片酬」或「某位喜劇演員不過是說個笑話，就能賺取鉅額演出費」時，你已經知道嫉羨是什麼感覺。

嫉羨是精神分析學的一項核心概念，也是一股強大的心理力量。舉例來說，不論是伊底帕斯情結、手足競爭，或是個人的成長過程中，嫉羨都是無法忽略的重要因素。

嫉羨源於比較。當我們以某個程度與自己差不多的人爲目標時，嫉羨就會像氣球一樣膨脹起來，因爲我們覺得對方「只是運氣好」，無法承認他的成就是努力的結果。換言之，嫉羨會讓我們無法以正確的平衡來解讀這個世界。

嫉羨的對象無窮無盡，諸如金錢、年輕、美貌、權力、智慧、才華、知識、運氣……不一而足。有些是與生俱來的，有些是靠努力獲得的。人們常說的「含著金湯匙出生」，本身就是嫉羨的展現。

關於嫉羨，男女大不同

不論男女，對外貌和身材的嫉羨都是很常見的。這與性吸引力有密切相關。吃異性的醋，這種事相對少見；至於能吸引異性注意力的同性，當然就成了嫉羨的主要對象。

男性的嫉羨是瘋狂且笨拙的。他們往往太高估自己，很容易受幻想影響，所以他們會不切實際地嚮往老虎伍茲的帥氣揮桿、比爾·蓋茲的億萬財富，或受衆多女性愛慕的電影明星。他們會沉浸在「我應該也能這樣」的想法中，展現出男性常有的輕率態度。

另一方面，女性的嫉羨則是細密而日常的。

在高檔餐廳或五星級飯店的大廳裡，女性的目光多半忙碌地四處游移，並用極快的速度辨識出其他人的穿搭是什麼品牌；結婚後，則會拿自己與其他已婚女性相比，拿自己的丈夫與別人家的老公相比；生了孩子後，又不斷拿自己的孩子與別家的小孩比較學業或成就。

我們渴望擁有世界上的一切，但這是不可能實現的。除了一時的青春，我們很難平白得到或留住什麼東西；身材與容貌也是如此。就算再美的人，也有不想讓別人看見或自覺不如人之處，所以醫美診所才會這麼熱門；但就算接受了整形手術，也不見得就會滿足。

如果自己有一位外貌出衆、擁有名校學歷、事業有成的朋友，總會在某個時候對他感到羨慕嫉妒恨。

嚮往、嫉羨和妒恨是人生的伴侶。身為一個有血有淚的人，這是在所難免的。

比方說，某人為了存錢，不論是溽暑或寒冬，都選擇搭乘大衆運輸工具通勤。好不容易存夠錢之後，買了一輛中古小車。儘管如此，買下它的第一天，他仍以無比的細心，將這輛車從上到下打理得漂漂亮亮的。對這個人來說，這是何等的幸福啊！

不過我們可以想像一下他第一次開這輛車上班的場景：當他停在紅綠燈前，開始拿自己的二手車與旁邊的車子比較時，會發生什麼事？「生平第一次擁有自己的車」的幸福感，馬上就會煙消雲散。

人就是這樣。

嚮往、嫉羨和妒恨的開端，在於意識到他人擁有自己沒有或缺乏的事物——不只是物品，包括優點、競爭力、成就，甚至是生活目標、夢想和未來，都可能成為攻擊的對象。

嚴格來說，嚮往、嫉羨和妒恨的表現各有不同。嚮往多半是轉瞬即逝的。比方說，與一群活潑談笑的女高中生擦肩而過時，我們也許會冒出「年輕眞好」的想法，但這只是對青春一閃而過的欽慕，馬上便無影無蹤。

嫉羨卻不會輕易消失，它無法祝賀別人的成功或快樂，反而覺得厭惡。儘管我們努力不受嫉羨所困，卻很難做到；它就像裝上超長效電池的玩具兔子，不斷被「爲什麼我沒辦法像他一樣」的幻覺所驅動。

就算是最微小的差距，也能點燃嫉羨的引擎；尤其是當自己覺得這個差距並非無法跨越時，嫉羨的程度更會迅速飆升。假設有個與自己從事類似工作的人，兩人條件和資歷明明差不多，但對方的月薪硬是比自己多了好幾萬，這時嫉羨就會出現：「我只是運氣差了一點，不然我也可以！」

但反過來說，當雙方差距過大時，不容易產生嫉羨。因爲勝算很明顯太小了，在這裡努力不過是白白浪費時間。

嫉羨使我們浪費生命。因爲我們並未聚焦在已擁有的事物，而是盯著那些自己沒有的、甚至是永遠無法到手的東西，還一邊抱怨著「爲什麼他有我沒有」。如果眞的想縮小與對方的差距，就必須讓嫉羨止步，從現在開始，用自己的方式努力。當然，要有這樣的積極轉變並不容易，卻很値得一試。

爲了改變，首先要正視嫉羨的本質。

以嫉羨審視我們的內心

嫉羨是追求公平的專家。如果無法提升自己的水準，就會試圖拉低別人的。在「嫉羨之國」裡，無法建造具備良好視野、生活機能完善的高樓大廈，每個人都得住在相同高度、相同形式與格局的標準化兩層樓住宅裡。哪怕只有一點點，只要發現誰的房子比自己好，立刻就會引發不滿：

「那個人有○○耶！如果我也有就好了。爲什麼他能擁有我沒有的東西？事情不應該這樣！世界不應該這麼不公平！」

這就是嫉羨的低語。它本身的負能量會試圖將別人拽下馬，好讓別人變得跟自己一樣。儘管這麼做會讓人覺得愉快，但這其實是個會讓自己先中計的陷阱；令人驚訝的是，人們經常身陷其中。

嫉羨中藏有惡意，會讓遭嫉羨的人感到委屈與不快。

舉例來說，二〇〇八年的北京奧運，南韓選手朴泰桓拿下了男子游泳四百公尺自由式金牌。要是有人說他只是運氣好，因爲美國的「飛魚」菲爾普斯沒參加這一項，那麼這就是一種惡意沒錯，而且這種惡意會像迴力鏢一樣回敬給說這些話的人，侵蝕他的內在，導致性格變得惡劣。到最後，所有人都會離他遠遠的。

模仿別人的優點，是好的嫉羨；傷害別人，則是不好的嫉羨。寫下嫉羨的對象和原因，可以幫助我們了解自己是誰，以及未來想成爲什麼樣的人。但要分析這種心理並不容易，因爲它往往隱而未顯、變化多端，還擅長僞裝，所以很難被發現。更何況，要是堂而皇之地表現出來，無疑是向衆人宣示自己的器量狹小，所以我們才會想隱藏起來；至於「見不得別人好」之類的話，更會對我們的自尊帶來重大打擊，甚至會對說出這些話的人感到憤怒。

想要知道自己是否遭到他人嫉羨，只要聽對方的話就可以知道。不論是尖酸刻薄或語帶輕視，都很有可能是嫉羨的表現；至於過度讚美的人，也可能隱藏了自己的眞心，以完全相反於話語的方向展開攻擊。

那麼，什麼樣的人比較容易懷有嫉羨？

要知道這一點並不容易。是在缺乏愛的環境中長大的人嗎？還是被滿滿的愛養育成長的人呢？

答案都是「不」。即使年幼時得到充分的愛與滿足，也不保證這樣就能消除嫉羨心理。換個方式來說吧，假設有人能完全滿足我的所有需求，我會不會覺得嫉羨呢？答案幾乎是肯定的，光是想到自己的能力不足以做到對方所能做的，就足以令我各種羨慕嫉妒恨。

嫉羨早在我們年幼時，便在內心深深扎根，並在成長後對人際關係產生影響。美國作家馬克．吐溫曾說：「即便是最要好的朋友，也會因我的成功而感到不快。」還有一句更令人害怕的話：「即使當最好的朋友遭遇不幸時，我們背地裡也不會感到一絲難過。」

妒恨，一場注定失敗的遊戲

妒恨是一種比嚮往或嫉羨更強烈的感情。

人們常常將妒恨與愛混為一談。英國作家勞倫斯．杜雷爾（Lawrence Durrell）曾說：「令人盲目的不是愛，而是妒。」英語的「妒恨」源於「熱忱」（zeal），一如人們無法忽視藝術家透過作品展現出來的熱情，我們也很難不在文學、電影或繪畫中論及妒恨。

在莎士比亞的悲劇作品《奧賽羅》中，由於部下伊阿高的挑撥，威尼斯將軍奧賽羅懷疑妻子苔絲狄蒙娜與副官凱西奧背叛了他，並悲慘地陷入崩潰，生動地展現了妒恨如何影響這三人的人生。

被妒恨蒙蔽了雙眼的奧賽羅不肯聽妻子的辯解，不僅命令伊阿高殺死凱西奧，還親手殺了最愛的妻子。直到最後，奧賽羅才終於知道一切眞相，羞憤自盡。妒恨如同鹽酸，腐蝕著人與人的關係，就連周遭的人也難以倖免。

一如硬幣，任何情感都有正反兩面。假設正面是熱烈的愛，那麼背後就很可能潛藏著破壞的愛，而妒恨就是破壞之愛的使者。人們經常因妒恨而盲目，從而大膽做出社會所不允許的可怕行為；就算是最如膠似漆的愛侶之間，也可能發生難以想像的殘酷事件。

如果說，嚮往和嫉羨主要涉及物質或能力，那麼妒恨就是以「人」為對象，源於「擔心重要之人被他人奪走」的恐懼，有時還會變得極端、一發不可收拾。因此比起其他情感，妒恨更常以激烈的言行舉止來表現。

想與被妒恨蒙蔽的人溝通是不可能的。就像是兩個人分別說著不同國家的語言，在用詞和語法完全不同的情況下，連對話都無法進行，更別談什麼溝通了。妒恨會讓心陷入混亂，是一種強迫性障礙；嚴重的時候，還會像間諜般監視對方、刺探對方的行動。

那麼，妒恨會帶來什麼樣的結果呢？儘管試圖避免失去所愛而帶來的痛苦，但終將以失敗收場。妒恨就像一場風暴，一旦置身其中，就會受傷甚至消失。妒恨者拚命想得到自己所愛的人，但他們內心其實認爲這行不通，並感到害怕。做爲武器，妒恨並不足以擊敗對手，它的功能在於讓自己看起來像個受害者。

「我被妒恨所束縛。因爲它，我責怪自己，也擔心傷害他人。我深陷其中難以自拔，各種想法簡直快將自己逼瘋。那兩人的一舉一動，一顰一笑，全都讓我在意得不得了。

「我是那麼愛他。他的臉龐，他的身體，他的溫柔，他的善良，一直以來撫慰著我，包圍著我，要是這一切都被別人奪走，我該有多麼傷心欲絕！」

一想到這裡，心裡的天線忍不住豎了起來，不斷注意著自己妒恨的對象，就像狗仔一樣，連最細微的蛛絲馬跡也不放過。就這樣，妒恨將人們變成了分析者，總是在觀察所愛之人與敵人之間的一言一行。妒恨的能量還不只如此，它會讓人們連自己也不放過，宛如關進監獄般，時刻審問自己的言行：「他們爲什麼在那個時候出現在那裡？」不只抱著疑問，最後還會導向自責：「為什麼我要對他們說那些話、做那些事？」

事實上，就算所愛之人與敵人之間一點關連也沒有，妒恨仍會在開始妄想的那瞬間迅速生成，然而要從妄想中醒來是非常困難的。

嫉羨與妒恨也能活用於正向事物？

嚮往、嫉羨和妒恨都始於比較，比較則是不幸的種子。以金錢來說，它可以讓生活更輕鬆，有時也可能讓人們更快樂。但當我們不在自己所擁有的金額中尋找幸福，而是與他人進行比較時，問題就來了：假設一開始對方能賺九十萬元，我能賺一百萬元，於是我覺得快樂；後來對方能賺兩百萬元，我能賺一百二十萬元，明明自己賺得比以前多，卻因為比對方少而不開心。這種比較只會讓人變得愚蠢。

我們常在電視劇中看到有錢人的生活極盡奢華，忍不住讓人疑問：物質的富裕究竟能滿足人類到什麼程度？對物質渴望的永無止境，是人類普遍面臨的問題。如果一味和擁有更多的人比較，並哀嘆自己的不幸，只會讓人成為消極思維的奴隸；而要賺更多錢（或省更多錢）的想法，有可能導致我們無法享受其他更寶貴的事物，甚至失去一切，並陷入不滿的惡性循環中，無法脫身。

對「比自己更有錢的人」的妒恨過分強烈時，會讓人忽視自己內心的貪婪，陷入對「社會不公平」的執著，並對「財富平均分配」有著超乎常人的熱情。社會公平的意識確實很重要，但許多人只是嘴上嚷嚷著，卻不採取任何行動，因爲他們只是拿這個當成藉口，好掩蓋內心的妒恨罷了。

嫉羨是指別人擁有自己想要的東西時產生的心情，妒恨是指不希望自己擁有的東西被搶走時的心情；嫉羨是對別人的成功或幸福感到眼紅而想搶過來的欲望，妒恨則是爲了保住自認爲屬於自己的東西而進行的戰鬥。

嫉羨是一齣雙人劇，由嫉羨者與被嫉羨者演出；妒恨則是三人劇，由妒恨者、遭妒恨的目標，以及與這兩人相關的人物所組成。

從精神分析的角度來看，嫉羨和妒恨不全然是壞事。人們藉此有所理想與追求，進而實現願望；而且也有觀點認爲，嫉羨和妒恨有助於平等意識的普及與民主社會的形成，讓我們以不同的眼光來看待世界，找出新的方向。

然而最終的結果，仍要看是透過積極的改變帶領自己向上提升，還是採取消極的方式試圖將對方拖入泥淖。

將嫉羨化爲積極的能量，能激發超乎想像的意志力，甚至能讓注意力從個人轉向更廣大的範圍，引發變革。比方說，提升女性社會地位的婦女運動，就是從「爲什麼只有男人可以」這種建設性的嫉羨開始的。

凡可見的，都是嫉羨與妒恨的對象

現代人非常自我中心，認爲只有自己是重要的。要是自己覺得不開心，那一定是別人害的，反正要不是對方個性差，就是狀況差；但是當自己害別人不開心時，我們只會說那是「不小心」的。我們期待別人能理解自己的處境或性格，卻不太想對別人做一樣的事。

自我中心的想法難以改變，是因爲從自己的角度來思考總是比較輕鬆。我們不太願意去想是不是自己有問題，因爲沒有理由這樣做，而且太燒腦了。因此，我們不會重新審視自己的渴望、期待、個性中的獨特之處、對世界與他人的偏見，或匆促做出的結論——我們就是不想這麼做；就算出了問題，也絕對不是自己的問題，都是別人的錯，這樣就不必負責。

但這種想法無法眞正解決問題。一個巴掌拍不響，問題出現時，不只要看向他人，也該反省自己，才能找出解決之道；就算不想這麼做，也不要跟一味強調「我不可能犯錯」的人在一起。越是跟會把過錯歸咎於他人的人往來，自我省思的能力就會越弱，同時還會使得自己的偏見如雪球越滾越大。

如果不想挖掘自己的錯誤和缺點，不如試著找出對方的優點——找出一、兩個應該不至於太難吧！從這裡出發，將彼此納入更廣大的視野。

社會充滿了各種嫉羨與妒恨的漩渦，尤其是職場，這種人際關係的糾葛更是隨處可見。發生在戀人、家人或朋友之間的嫉羨與妒恨屬於私人領域，相較之下比較單純，也更容易找到問題所在；但發生在職場上的，不僅更複雜、更巧妙地隱藏起來，要解決也更加困難。

職場上聚集了各種不同性格的人，如果大家都能放下「我」，一起生活，也許可以避免衝突。但要做到這一點是不可能的，因爲「我」是活生生的，會一直跑出來，並與其他人的「我」發生磨擦。

相較於求學時期，忙碌的職場生活充斥著聲譽、升遷、加薪、分紅、證照取得、經營人脈等事物，簡直就是嫉羨與妒恨的最佳溫床。當別人獲得了機會或好處，自己卻只能乾瞪眼的時候，嫉羨與妒恨便油然而生。

爲什麼職場是嫉羨與妒恨的溫床？因爲職場是大家爲了賺錢而拚命工作的場域。和只要好好念書的學生生活或享受樂趣的個人嗜好不同，職場更會讓人感覺「壓力山大」。

在職場上，有縱向的關係，也有橫向的關係。在縱向關係中，什麼該做，什麼不該做，儘管看似一目了然，卻往往未必如此，因爲有些主管會讓自己的部屬互相競爭。而在這種同事之間的橫向關係中，界線不但變得更加模糊，彼此的碰撞也難以避免，令人心累，甚至連做夢都會夢到和職場有關的事。

爲了生存，我們必須做自己不喜歡的工作，處理自己不想看見的事情，這就是所謂的「適應」；在這種情況下，嫉羨就像是在適應的過程中所排出的「廢氣」。

在職場中感受到的嫉羨與妒恨，多半發生在與他人比較，且自尊心受到威脅時。這種情感是暗自滋長的，連我們自己都難以察覺。有時候，它會跑出來探頭探腦，但出於羞愧，我們多半會趕快把它藏起來。

當同事升遷，自己卻沒分時，我們會覺得屈辱；當自己無法慶賀對方的成功，反而感受到嫉羨與妒恨時，我們會覺得自己很差勁，甚至自輕自賤。爲了避免這種情況，我們很可能否認內心對他人的嫉羨之情。

然而就算把嫉羨與妒恨埋在看不見的角落裡，它還是存在，而且會像毒氣般散播開來，籠罩著整個職場。當嫉羨與妒恨全面爆發時，它們會按預先寫好的腳本展開行動。嫉羨與妒恨的夥伴是自卑與憤怒，當二者開始在角落引發騷動時，不論是自己或他人，都無法好好工作；在極端的情況下，無法忍受的人最終可能會選擇離職。

在職場上最令人訝異的，莫過於和自己同時進公司的同事先升官了。因為彼此是在同一天、相同條件下開始工作的，這種被對方「超前」的感覺使得雙方的差距在此刻更為明顯，也更讓人難以接受。

在嫉羨與妒恨中看見出路

當嫉羨與妒恨轉化為積極的力量時，將有益於自我發展；但如果它們仍是惡意的，就會造成別人的困擾，最終也會傷害自己。如果一輩子都在與他人比較、深陷嫉羨與妒恨之中，豈不是白白浪費人生？

輕微的嫉羨與妒恨是正常反應，然而一旦變得過分強烈，我們就會被它們吞噬。因此我們必須改變：與其掩蓋它們，不如與自己嫉羨與妒恨的對象看齊，從中獲得學習與成長。當然，用嘴巴說總是比較簡單，但實際挑戰看看也沒有什麼壞處。

此外，我們得想想：嫉羨與妒恨眞的值得嗎？

一般人會對嫉妒心重的人有所警戒並保持距離，換言之，當我們發現自己對某人產生嫉妒時，就差不多該做好放棄這段關係的準備了。

到頭來，問題還是要回歸到我們對自己有多少接納與尊重。與其深陷嫉妒中浪費人生，或是為了消除它拚命努力，不如將焦點轉向提升自尊，這才是根本的解決之道。

如果有人總是執著於與他人比較，並以外在標準來評價自己，那麼我會建議他們尋求心理療法或精神分析的協助。在過程中，我們必須學會停止用外部基準來批評自己，並開始培養內在標準、讓自己成長。

各位是否好奇：當某人自覺嫉妒心重，而向精神分析師尋求協助時，分析師會怎麼協助個案呢？

如果能像食譜一樣，寫明「加入三大匙的讚美與五十克的批評」就好了；但可惜的是，這與現實相去甚遠。

精神分析師的工作是從心理動力學的角度，找出個案為何會感受到嫉羨與妒恨，及其原因與意義。他們會觀察內心的變化，並協助個案本身理解。如果分析師只是像鄰居或朋友般聽聽故事、講講話，那就不太妙了；但如果分析師並未聆聽個案的話語，僅是單方面提供個人觀點的話，對個案同樣毫無幫助。

「人生相談」與精神分析是完全不同的兩件事。之所以找上精神分析師，是因為個案並不知道自己的人生要走向何方；而不論是多專業的分析師，也無法在一瞬間掌握連本人都不知道的線索，指引個案方向。

心理療法或精神分析不是猜心遊戲，而是一門科學。在這門科學中，治療師將根據個案的話來了解他、解釋這些話語裡的意義，再將它回饋給個案。

未能傾聽個案的分析師是危險的。因此，當你獨處時，也請練習聆聽自己內心的聲音，這將能為你指引方向。

第三個故事

四處徘徊的潛意識

我的潛意識總是毫無理由地把人們區分爲
喜歡與討厭的。
這樣的基準是怎麼產生的？
有辦法改變嗎？

人類是社會性動物，因此，我們稱那些不與他人往來的人為「自閉的」，意思是他們對外界築起了一堵牆，將自己關在內在世界裡。生活在這樣的環境裡，既無法社會化，也無法交友，畢竟人類需要藉由與他人往來，才能順利成長，並學會如何生活。但另一方面，過度專注於外在世界也會產生問題：我們將沒有足夠的餘裕觀察自己的內心。我們不能過著光是迎合他人，卻忽視自己需求的生活。因此，如何平衡內外視角，始終是至關重要的一件事。

若從精神分析的角度來解釋「人類是社會性動物」這句話，我們會說人類經常在進行「客體尋求」。這裡所說的「客體」並不是桌椅之類的物品，而是「人」，尤其是對自己具有意義的重要他人。

對於剛出生不久的嬰孩來說，這個「重要他人」就是父母；在幼兒園和小學階段可能是老師、國高中時期可能是同學與朋友、進入大學後可能是戀人、婚後就是配偶……但若以更深入的角度來看，我們會在心裡建立關於客體的心理意象，稱之為「表徵」：與自己有關的稱為「自我表徵」，與他者有關的稱為「客體表徵」。

實際存在於外界的客體、內在的客體表徵，以及潛意識、前意識、意識、自我、本我、超我就像連續劇裡的主角，而人生所經驗的一切，便是處在這條不斷展開的劇情線上。如果無法與內心各部分建立良好的關係，人生就會充滿痛苦；相反的，如果「外顯的自己」能與

「隱藏的自己」緊密連結，人生就會變得豐富多彩。

在〈第二個故事〉中，我們談到了潛意識創傷與治癒；接下來的故事中，我想談談這一切如何成為客體關係的一部分。

內心開始與自我表徵及客體表徵建立關係時所產生的創傷，會表現為焦慮、憂鬱、憤怒、恐懼、挫折、猶豫、自卑、嫉羨、妒恨等情緒；癒合後會留下疤痕，大小及深度則視情況而有所不同。到頭來，不存在與關係無涉的創傷，但所有創傷的治癒也都需要關係的介入。因此直到現在，我、我們、他們——所有人都仍在尋求「客體」、締結關係。

即使在進行精神分析的當下，尋求客體的行為仍在持續。個案會在意自己與分析師之間的關係：分析師對我說了什麼？做了什麼？就連他的咳嗽聲，也可能是為了傳遞什麼信號。分析師是否看著我？是否露出微笑？這些對我來說，都非常重要。有時分析師會讓我覺得像父親，有時則像母親；要是讓我感覺宛如戀人，我甚至有可能因此臉紅。

另一方面，精神分析師試圖透過這一切理解個案的現況，並與過去連結，努力將個案人生中的許多碎片組合在一起，以便掌握全貌。各位不妨想像一下，自己眼前有一位精神分析師，你將能從與他的對談意識到，「尋求客體」的這項行為，其實就是一面能映照出過去的鏡子；你如何擦拭這面鏡子，將會影響自己的未來。

12

越愛自己的人越害羞

害羞有一種奇特的自戀成分：人們相信我們的外表和行為對其他人來說確實很重要。

——安德烈．杜布斯（Andre Dubus，美國作家）

在現代社會中，沒有一天不會遇見陌生人。儘管人類天生就懂得對陌生人保持警戒，但有些人似乎特別敏感。

「站在人群面前時，我的心跳會快到幾乎無法忍受的地步，無論我怎麼想讓自己冷靜下來都無濟於事，不但臉頰會發紅，還會冒冷汗。對著別人做自我介紹已經夠難了，更別說演講或針對某事進行說明。」

許多人都有類似的經歷。年幼時，怕生是正常的；但長大成人後，要是仍過分怕生，就會影響人際關係。

人人心中都有害羞的火種

在所有和緊張有關的反應中，害羞是很常見的一種。雖然情況因人而異，但即使成年後，害羞仍會存在於每個人心裡；就算看來充滿自信、毫不在意他人目光的人也是——自信並非天生，而且他內心深處很可能還藏有害羞的火種。

要了解自己有多害羞，跟那些與自己完全不同類型的人比較是沒有意義的。比方說，拿自己跟電視上那些幽默風趣的喜劇演員比較，然後沮喪地說：「我太害羞了！」但你怎麼能拿自己跟那些有豐富舞臺經驗的人比較呢？

那些善於社交、能大方在公開場合表達自己意見的人，並非從一開始就如此，而是在別人看不到的地方持續培養自己的相關能力，例如將能用於聊天的哏寫在筆記本上，隨時練習。減少害羞、培養自信就像運動練習一樣，需要日日堅持，直到變成習慣。

再以求職爲例。許多人面試時都會害怕自己做得不夠好；但話說回來，回答問題時如果因爲害羞而結結巴巴的，被刷下來也是理所當然的。光是擔心無法克服害羞，需要有系統的訓練。只要有機會，不妨試著對其他人表述自己的意見或想法，不論規模多小都沒關係，一步一步來，逐漸增加自信。如果還是做不到，就算對著寵物練習也可以。

試著從面試官的角度對自己提問，比單純回答問題更有效果。因爲如此一來，你就會發現對方也是人，沒有必要害怕。在反覆練習的過程中，你也能將自我表徵轉爲更積極的面向，並減少客體表徵的批判性。

容易害羞的人也應該學習觀察自己身體的變化。

只要是人，面對壓力時都會心跳加快。這種時候，只要告訴自己「我感覺到壓力了」，並將它視爲理所當然的反應，很快就會恢復正常。要是認爲「搞不好出了什麼大問題」並爲此擔憂的話，反而會讓情況加劇。害羞的人有時會過分在意心跳，反而招致失誤。這時不妨將它視爲「喝采的聲音」，享受它的跳動。

感受到壓力和緊張，並不表示失敗近在眼前，而是身體爲你加油打氣、希望你獲得更好表現的信號。請接納並尊重身體所表現出來的能量，如同賽車起跑前發動引擎的聲音，享受它吧！

反過來說，假設自己正在百米短跑的起跑線上，隨時等著鳴槍。如果身心都處在非常輕鬆自在的狀態，你覺得自己還會想全力衝刺嗎？此時所感受到的緊張其實是非常有益的。爲了擁有更好的表現，爲了在戰鬥中獲得勝利，請積極地活用這分緊張。

會在意你的，只有你自己

其他人並不如我們所想的那樣，在意我們的外表或表現是否出色。因爲每個人都一樣，都被自己的問題所困擾，所以完全沒有必要臉紅或覺得害羞。

隨著資訊化浪潮席捲全球，我們逐漸習慣了電子郵件這種不需要面對面或直接對話的聯繫方式，也習慣了具備匿名性的網際網路與社群平臺。但這並不意味著我們就能過著完全不與他人交流、與世隔絕的生活。充滿自信地站在人前並不容易，需要時間，需要經驗，也需要從小處開始；太急於求成，只會讓自己沮喪。

有些時候，使命感或爲社會奉獻的渴望對於克服害羞很有幫助。不妨試著擔任志工，能讓我們發現許多人過著艱困的生活，並因此退縮，不願與外界交流。請試著與這些人的內在對話，或許我們也會將在某天發現，自己正在與自己的內心對話。幫助有困難的人是提升自尊的好機會，也能讓我們意識到，害羞並不是什麼太大的問題。

害羞不是一朝一夕就能改變的。

各位看過畢卡索創作過程的影片嗎？事實上，他的抽象畫並不是一開始就畫得這麼抽象的。一開始，畫布上可能包括了具體描繪的眼睛或鼻子等部位，接著在一次一次的修改後，圖像才逐漸變得抽象。

處理害羞之類的問題也一樣，經過每天持續努力、一點一滴的改變後，說不定我們還會覺得不可思議：「我以前有這麼害羞喔？」要做到這一點，必須對自我表徵與客體表徵進行整理與重組。

害羞就像素描畫，自信則像抽象畫。在害羞這幅畫裡，仔細描繪了許多不必要的擔憂與焦慮，但透過捨棄舊有形象的過程，我們可以將這幅畫變成表現出自信的全新抽象畫，將其變得更有活力。

13

「我們」與「我」之間——依附與孤獨

不執著的愛是輕盈的。

——諾曼・布朗（Norman Brown，爵士歌手與吉他手）

人是無法獨自生活的。人們相依相聚，方能形成社會；但我們也不能像泥土般完全相融，更不能毫無區別，因爲這會導致自我認同的喪失。我們需要能保持獨立，但又能彼此相連的社會，因此，我們透過英國心理學家鮑比所提出的「依附」做爲黏著劑，讓人們「有點黏，又不會太黏」。

當潛意識學會什麼叫「我們」

依附關係的建立始於嬰兒時期，是透過母親的哺餵與撫育，在成長過程中逐漸形成的。

當嬰兒意識到還有其他人能滿足自己的需求時，便擁有了「我們」的概念。在嬰兒時期，先是與母親，接著是與家人形成了「我們」；到了青春期，與朋友一起變成了「我們」；到了成年後，又會繼續尋找新的「我們」。

倘若最初的依附關係在形成時並不順利，那麼在成長過程或成年後，要建立圓滿的人際關係可能就沒那麼容易：或是迴避建立關係，或是即使建立了關係，也會表現出不穩定或矛盾的行爲。比如說，明明很喜歡對方，卻展現出很討厭的樣子；或是其實沒那麼喜歡，卻裝出很愛他的樣子。這種態度會讓對方感到疲憊不堪。

最甜美的依附，莫過於戀情。但受戀愛吸引是要付出代價的：越希望維持關係的甜蜜，要消耗的能量就越多。如果無法持續輸出，對方可能會感到失望；但即使如此，也不表示兩人就能輕鬆分手。分手會對先前建立的依附關係產生負面影響，意味著與戀人之間的「我們」崩潰；而且兩人關係越好，造成的傷痕也越深。分手後的處理也很重要，像是刪除合照或訊息之類的事，可能讓人心情沉重；但要是猶豫不決，不僅會花費更多時間，心情上也會覺得更加痛苦。

遇到帶有這種傷痛的個案，不論年齡多大，都可能在某種程度上讓人覺得他們彷彿孩子——這是一種短暫的退行現象。說到這裡，各位是否擔心：要是自己求助於精神分析，會不會也出現這種狀況？事實上，在精神分析時出現退行，並不代表個案在日常生活中也會有同樣的表現。這只是表示個案在接受精神分析時，可能會在潛意識需求的驅使下，暫時回歸童年時代的某種思維或態度，比如想與父母或養育者建立親密關係。因此可以說，接受精神分析的個案，可能會表現出對分析師的依附行為。

此時，分析師會透過分析自己與個案的關係，盡力理解對方為什麼想建立這樣的依附關係。比方說，可能是因為兒時與父母的關係中有未被滿足的需求，所以才會想藉由與分析師建立關係達到療癒的效果。

因此，當自己的心感到疼痛時，審視位於潛意識的依附關係是很重要的。如果能冷靜看待自己有如孩童般的行為，就不必對一時的退行感到害怕。我們可以自問：自己究竟想從那個離開我的人那裡得到什麼？是愛？還是依附？

人類無法治癒寂寞

身處人群中，並不意味著不寂寞。

白天工作時，儘管與許多人一起談笑共事，但彼此的心若缺乏真正的連結，那麼一切終將徒勞。許多人爲了避免孤獨，而與更多人往來，卻只是徒增負擔，甚至有可能傷害自己的身心。

有人說，能不受他人干擾地獨處是一種幸福，但生活中要是眞的只有自己一個人，幾乎不可能不感到寂寞。因此，我們選擇生活在人群中：大街上，學校裡，職場中……即使陌生人的氣息迎面而來，我們仍日復一日前往這裡或那裡。然而，儘管每天看著相同的臉孔，若沒有心靈的連結，彼此永遠都只是陌生人。

在遙遠的古代原始社會，與部族分離、獨自行動，便意味著死亡；但現代人卻能活在「安全的孤獨」中：只要鎖上門、關掉手機和電腦就可以了，因此到底要怎麼處理過多的寂寞，可說讓現代人感到非常困惑。

現代人非常討厭肢體接觸，我們總是試圖確保自己與陌生人保持安全距離。比方說在電梯裡，要是誰試著靠近陌生人一步，對方很快就會做出反應；或是在擁擠的候車室裡，哪怕只是一聲咳嗽，也會產生戲劇化的效果——尤其在新冠肺炎大流行期間，周遭人們的閃躲絕對是即時且露骨的。

拜科技之賜，現代人即使一個人，也未必眞的是一個人。我們對那些常出現在螢幕上的人如此熟悉，以至於當他們眞的現身街頭時，我們會像是看到自己的朋友般認出他們。但儘管我們「認得」他們，卻不眞的「認識」他們，反倒容易讓自己陷入虛假的人際連結感中。

在這個容易誤判彼此距離的時代裡，每個人都是寂寞的。只要分析日常的對話，就會發現許多空洞的話語；甚至還有些人根本沒好好看著對方，只是把字詞丟出來罷了。這樣怎麼可能進行眞正的溝通呢？

眞正的溝通需要四目相交，需要認眞看待；眞正的溝通也始於彼此傾聽，互相尊重。而有些時候看起來是在對話沒錯，但仔細觀察就會發現，許多人只顧著自說自話，卻不願意聽聽對方說了什麼。這不是溝通，只是單方面的「傳達」；沒有對話，我們就永遠不可能擺脫寂寞。

請看著對方的表情，感受他的眼神與呼吸，這樣的溝通與透過電話或電子郵件或網路平臺是完全不同的。要是不眞的面對面，就很容易產生誤解。建議各位試著每天與一位陌生人面對面說話，體驗一下會發生什麼事。認識新的人、參加新的活動、培養新的嗜好，並試著以善意幫助他人。所有人都喜歡對自己抱著善意的人，請試著透過歌曲或幽默的言談對別人分享自己，讓其他人有機會了解你。

孤獨並不總是壞事，它能促使人們成長。如果這個世界眞的充滿幸福與快樂，只要與他人往來，就可以實現我們所有的願望，那麼孤獨確實是一件完全沒必要的事。但我們需要面對自己、整合內心世界，因此獨處的時間是絕對必須的；就像佛洛伊德，比起繁忙的社交生活，他更喜歡與少數幾位友人或同事交談、討論，或一個人思考、閱讀和寫作——他十分享受「孤獨者」這個角色。

爲了探索自己的內心世界而躺在椅子上接受精神分析師的分析，說穿了也是一件孤獨的事；精神分析師也一樣，必須長時間獨自面對個案的內心，也不能說不孤獨。只有依附的關係不會長久，沒有孤獨的成熟則是膚淺的。

14

有時，爲了小事冒生命危險——誤解與執著

人與人之間溝通的悲劇並非始於言語的誤解，
而是始於無法理解沉默。

——亨利．大衛．梭羅

「我一定要嫁給您。」

在診療室裡，她緊緊握住我的手，看著我的雙眼，語重心長。在那之後，她姊姊撥了電話給我。

「您知道我妹妹想跟您結婚的事嗎？我很擔心……」

這位個案曾遭遇許多傷痛，雙親的家暴與戀人的背叛更奪走了她渴望獲得幸福的夢想，才讓她必須進入精神科病房療養。對她而言，身爲主治醫師的我就像「守護天使」，將她的人生從一團爛泥中拯救出來，幫助她找回少女時的夢想，而她也如此深信著。

在意識層面上，她知道嫁給我的想法並不合理，但潛意識中想被拯救、被愛的渴望如此強烈，以至於扭曲了現實。用精神分析的術語來說，這種情況是「移情」之中的「正向移情」；但即便在正向移情中，這個例子也是很極端的。當生活遭遇極大困難時，諸如「長大後要嫁給爸爸」的童年幻想就會轉移到治療者身上。這時，治療者的態度若無法保持中立，事情就眞的麻煩了。協助個案了解移情現象的意義，有助於打破對治療者的迷戀，引導他們獨立生活。

比起解釋，更需要表現同理

我常從個案那裡聽到這樣的話：

「我跟男友很相愛，但有時會因爲一些無關緊要的小事吵架。該怎麼做才能避免這種情況？」

只要再問得詳細一點，就會知道這些爭吵的源頭並不是什麼大不了的問題，只是一些意見分歧和誤解，但彼此就是非要爭個你死我活不可；就算想和好，自尊心也不允許自己這麼做，卻又無法割捨這段感情。這個不能做，那個也做不到，內心持續煎熬的結果，甚至會讓人在盛怒或極度沮喪中傷害自己。這代表存在於潛意識的衝突已經到了極限，也可見它的力量有多麼巨大。

要了解潛意識的微妙運作，就必須知道是什麼成爲誤解的導火線，並帶來爭吵。以戀人爲例，可能是因爲對方的語氣、心中的不滿，或覺得兩人相處過於乏味等；至於若想了解這些火花的本質與涵義，就得仔細觀察重複的模式。

當然，基本上人們都會努力理解彼此，在此過程中發生的不良現象就是「誤解」，意思是「錯誤解釋或理解對方的意思」。之所以會產生誤解，是因爲我們在別人的言行中「只」選擇了自己想接受的部分——就像光看到紅色的外皮，就以爲那是蘋果，但其實是番茄。不當或不足的理解是誤解的開始（要是完全不理解，那麼連誤解都不可能發生了）。把番茄誤認爲蘋果，正是潛意識誤解了「部分正確的理解」（紅色果實）的結果。再以戀人爲例，自己雖然能理解男友每天都因爲工作而忙碌，卻仍對自己沒得到對方的關心與照顧感到不滿。一旦對方做出某些言行，這些平常隱藏在潛意識中的埋怨，就會帶來誤解。

察覺這種狀況後，男友試圖透過解釋以達到安撫的作用。雖然有些事只要說開了就好，但有時光靠解釋還是很難消除誤解。這時，男友需要表現「同理」。比方說：「如果我是你，我一定也會覺得很不高興。眞的很抱歉。」

由於害怕引發衝突，許多時候，我們會對自己還不確定的事情避而不談，卻一個勁地誤會對方。如果有什麼是自己沒搞懂的，就該坦白說出來，並要求對方再做說明，完全沒有必要爲了維護自尊心而放棄提問。

當然，對方也可能以爲我們的提問是對他的批評與攻擊，甚至擔心兩人因此疏遠。但就是因爲沒好好問清楚，才讓彼此在理解上產生落差。過分執著於「親近」「親密」時，反而很難客觀看待對方，徒生誤解。誤會一多，衝突就出現了，也意味著兩人無法維持幸福的關係；而不幸的關係，比斷絕往來更糟糕。

恐懼帶來誤解

每個人想理解什麼、不想理解什麼各有不同，會受到自身潛意識需求與性格結構的影響。這使得誤解幾乎可說是人際關係的「標準配備」，也使得人與人之間總是糾結複雜，如履薄冰。

假設B是個對自身脆弱感到恐懼的人，當別人對B展現自己的脆弱時，他有辦法輕易接納嗎？

我認爲很難。因爲B在接納對方脆弱的同時，也會顯露出自己對這方面的恐懼。所以B可能會露出生氣的樣子，說出「超蠢！」之類的話；生氣的對象其實是B自己的弱點，卻也因此讓對方覺得受傷，以爲B在批評他，而產生誤會。

舉例來說，看在一般人眼裡，明明是「充滿熱情」「積極向上」等討人喜歡的面向，但害怕自己的攻擊性會一口氣爆發出來的人，卻會用帶有誤解與偏見的目光，覺得這樣的人是野蠻而粗魯的。

誤解不只發生在人與人之間，也會頻繁出現在群體與群體之間，其中以政黨之間的爭鬥最具代表性：故意曲解對手的意圖，策略性地運用誤解，這是因爲人們不只迷戀權力，更害怕失去權力。至於群體對個人的誤解，則是集體心理的一種展現。爲了替群體內部的不滿或憤怒找到出口，「代罪羔羊」是必須的。爲了他人的利益或欲望，必須有個人做爲「祭品」承擔所有的罪過，有時甚至還包括了生命、財產或名譽的剝奪。

佛洛伊德曾多次登上美國《時代》雜誌封面，獲選爲二十世紀偉大人物之一，也對人類思想史有重大貢獻。他曾提出一個根本性問題，即：「人類應如何理解自己與他人？」並終其一生致力於回答這個問題。精神分析學不只是爲了患者而存在，也是一門旨在理解所有人類思想、情感與行爲的深層心理學。

儘管如此，佛洛伊德和精神分析學受到的誤解卻從沒少過。人人都渴望理解人性，卻也因爲恐懼而將它隱藏起來，不願探究。事實上，這種心理上的抵抗，比我們以爲的還要強大許多。

人們期盼自己是完美的存在，並執著於這種想法。然而無論是個人或群體，都應該放下執著，努力提升自己的理解力以減少誤解。我們也需要克服對失去他人的恐懼，如此一來，才能眞正看見對方，並在彼此理解的同時建立更緊密的關係。

那麼，該如何減少誤解呢？

首先，在對話開始前，需要愼選用詞。

佛洛伊德曾這樣談論過言詞的重要性：「言語具有魔力，可以帶來極大的幸福，也能導致最深刻的絕望。言語能引發極強烈的情緒，最終轉化爲行動。」與對方談話時，請務必小心選擇自己的用詞和語氣。不論兩人關係有多穩定，也不能毫不顧慮地想說什麼就說什麼；即使彼此很親近，對方的個性也非常好，要理解那些讓自己感到不悅的詞語仍是很困難的。

請放下過高的期望，想讓對方充分理解，就需要進行充分的說明，並依情境選擇適當的語句。要是口氣粗暴，那麼不管對話的內容是什麼，都很容易變成爭吵。人們往往以爲，只要彼此關係親近，就可以口不擇言，但事實上，正因爲親密，才更容易受到傷害。言語如刀，一旦刺傷對方的心，就不是輕易能癒合的。

激情終有冷卻的一天

此外，也不要擅自以爲「我最懂他了」或「他是最懂我的人」，因爲根本沒有人能保證這種事。越是親近，越容易受情緒左右，看到的也往往是「想像中」的彼此，而不是客觀的審視。身處這樣的幻想中，帶來的可能是誤解，而不是相互理解。這也就是爲什麼連續劇中的男女主角經常因誤會而分手，徒令觀衆遺憾；事實上，我們自己也不斷在現實中上演這樣的橋段。

責備的口吻就像看不見的刀劍，爭吵也只會讓彼此的心受傷流血。一旦見血，不論是誰都會變得激動，對話開始前所抱持的善意，也都會在激情與憤怒的沖刷下消失無蹤。

首先，與對方見面前，如果發生了討厭的事情，請先在心裡整理好這些事情後再赴約，別拿明朝的劍去斬清朝的官；在哪裡發生的事，就在哪裡解決，對方不是你發洩情緒的對象。儘管我們都希望有人能依靠，有人能給予安慰，但不表示我們就可以隨意對待對方。

當你非常喜歡一個人時，有可能因此變得過分執著，希望對方無時無刻不想著你；就算分隔兩地，也希望他心裡永遠只有你——但這是不可能的。即使兩人相鄰而坐，兩人的想法也未必相同。當女人沉浸在美酒帶來的浪漫氛圍時，男人很可能正在想著另一名女性；而當男人思考著兩人的未來時，女人也很可能正拿著男友與現場的另一名男性比較。

你以爲是心心相印的時刻，實際上卻是自欺欺人。

人皆如此。所以我們需要的不是昂貴的佳肴美酒，而是彼此心靈的連結。它絕非建立在執著上，而是在承認人的有限與現實的前提上。短暫的激情終有消退的一天，現實就是這麼殘酷，即使是一見鍾情也不例外。隨著相處次數的增加，熟悉漸漸取代了新鮮感，兩人之間變得單調乏味也是正常的。

接受這一點吧！與其不斷追求新衣帶來的喜悅，不如清洗得當的舊衣更能帶來舒適感，對吧？畢竟魚與熊掌是無法同時獲得的。

我們無法與生命中相遇的每個人廝守一生，任何一段關係也都有結束的一天；如果它有結束的理由，就不該苦苦糾纏。當然，結束關係是一件痛苦的事，但如果因爲害怕一時的疼痛而不願放手，繼續固執地綁住彼此，將使生活充滿長久的痛苦與悲傷。

然後，一段關係的結束必須愼重決定，不可一時感情用事。在最後的時刻來臨前，除了要堅守自己的判斷，也該傾聽他人的意見，畢竟當我們在感情中溺水時，很難做出正確的決定；但另一方面，也不要隨便找人商量，而是要選擇那些平常就很關心我們的人。如果沒有自信能找到這樣的人，最好向心理或精神專業人士求助。

不要只看見過去發生的壞事，而是要仔細檢視自己與對方的這段關係：從過去到現在，進而展望未來。依觀點不同，你可以找到一百個與對方交往的原因，但也能找到一百個與對方分手的理由。

如果你們終究還是分手了，請不要過分沮喪。在遇到下一個「對的人」之前，其實是了解自己的最佳時機。儘管這並不容易，但還是請享受這段時光。

15

最甜美的潛意識——愛

對某些人而言，墜入愛河意味著非常瘋狂。

——佛洛伊德

我們會無緣無故喜歡某些人，也會毫無理由地討厭某些人。爲什麼會這樣呢？若想知道原因，就必須透過精神分析的方法來助我們一臂之力。

潛意識深處有座「資料庫」，那裡存放著目前爲止我們與他人相處所累積的各種經驗。認識新朋友時，我們並非從零開始，而是會在連自己都沒有察覺的情況下進入資料庫進行檢索，再將眼前的這個人與搜尋結果進行比對。如果對方和以前認識的好人有相似之處，我們內心的監測器就會顯示出「喜歡」；如果對方與過去認識的討厭傢伙相似，我們就會將他評價爲「討厭」。

這也是一種移情。我們將過去的經驗與現在重疊，並對新關係產生影響，所以才會有

「一朝被蛇咬，十年怕草繩」的俚語。這種現象不但常見於日常生活，在精神分析師與個案之間也經常發生——個案會將自己的人際關係投射在與分析師的相處上。事實上，對精神分析來說，移情是一項非常重要的治療工具。

在婚姻伴侶的選擇上，男性常會受相似於母親的女性吸引，女性則常會愛上與父親相像的男性，這也是一種移情現象；儘管有些人會選擇與父母完全相反的人結婚，但道理還是一樣的。再怎麼自認理性且慎重地做出選擇，只要潛意識沒打算朝我們要的方向走，就一點用都沒有。

所有的「不知道為什麼就是喜歡」或「反正就是討厭」，其實都是受到潛意識移情作用的影響。

這個人值得信賴嗎？

人們有時會有「跟這個人很聊得來」的感覺，但眞是這樣嗎？事實上，我們可能因為對方單純同意我們所說的，而誤以爲雙方很談得來。爲了避免產生這樣的錯覺，我們應該小心：自認爲與對方聊得來時，理所當然就會覺得對方看起來很善良，但並非總是如此。

當然，第一印象非常重要；要是第一印象很差，就很難有下次見面的機會。而且第一印象多半會在一瞬間就決定，因此更要做好萬全準備才行：首先，絕對不能遲到，應在約定時間前十分鐘到達指定地點。提前到達能營造「這個人很有自信」的印象，絕對不要在這時候端出「我才不要等別人」的多餘態度。

此外，一個人的服裝儀容就代表了他自己，因此得體的穿著打扮也能增加我們的自信。如果心裡冒出了「我爲什麼要這麼努力？」的想法，請稍微克制一下，這樣的不滿有時也是多餘的。

見面前，請了解一下對方的背景，能讓對話的進行更順暢；當然，除了言詞或話題的選擇，態度和舉止也很重要。總而言之，就是要讓對方覺得我們確實專注在他身上，好爲自己加分。

這些話並不單純只是爲了告訴大家如何留下好印象。說到人生中最重要的技能，我想應該就是理解他人，以及讓自己被理解的技術；換句話說，就是溝通。溝通意味著雙方想傳遞的訊息暢通無阻，互相都能理解彼此的意圖，沒有誤解。因此，以上這些原則，其實都是爲了讓理解與被理解得以實現而進行的基礎準備。

「獲得他人理解」的經驗能成爲讓人生順利運行的一股強大力量，尤其是面對困境時，一想到這個世界上確實存在著某個能完全理解自己的人，就能讓我們更有動力跨越難關；就連產生自殺衝動時，也能成爲拯救自己的關鍵。就算對方只是安靜待在我們身邊，甚至只是身處同一座城市，就能產生莫大的支持力量。

問題在於，比起主動理解對方，人們總希望別人先理解自己。爲了讓溝通更順暢，我們應該先付出努力，主動去理解他人。關心他們的言行舉止，心無旁鶩地耐心傾聽；千萬不可無視對方，也不要假裝自己在聽對方說話，或只聽自己想聽的部分。不批評，不做價值判斷，只要暫時默存於心就好了；就算是令人不悅的話題，也請耐心聆聽。

做到這些之後，再等待對方理解自己。如此一來，溝通之門就會開啓，關係的深度也將大大發生改變。

「我討厭那個人，只要靠近他，就會莫名其妙受傷，但我又無法結束這段關係。連我自己也搞不清楚。」

如果各位有這種感覺，該怎麼辦才好呢？

首先，人與人之間的關係應該是平等的。只有在這樣的關係裡，雙方才能共同成長。然而看看自己周圍就知道了，想要找到完全平起平坐的伴侶眞的很難；而儘管其中一方總是處於比另一方更有利或更不利的地位，關係卻依然維持。愛情的天平並不總是左右平衡，也許其中一方爲對方著想更多，但另一方卻沒那麼在意伴侶。過分執著於對方時，會讓這段愛情變得苦澀；愛得越多，失去的也越多，並因此在心裡留下傷痕。

對愛情執著的人，往往滿腦子都是對方的事，甚至願意爲此犧牲自己。在這種情況下，如果對方是個正直的人，絕不會眼睜睜看著別人爲他犧牲；但如果對方是個奸詐的傢伙，自己的犧牲只會白白被他利用。

當彼此投注在愛情裡的能量不平均時，兩人的關係就很有可能含有「施虐」與「受虐」的成分。「施虐」意指喜歡折磨並從中感到滿足的性格特徵；「受虐」則是指被他人折磨時會產生快感。當施虐型與受虐型的人相戀時，他們之間的關係往往十分長久——儘管這樣的關係是病態的，彼此卻是契合的。

受虐型的人可能會這樣爲自己辯白：「就算他完全不在乎我，我也沒辦法不愛他，因爲我愛他愛得太深了。」

我們應該爲這樣的愛而感動嗎？

儘管痛苦，卻無法離開對方的原因有很多。對已婚者來說，最主要的是經濟與孩子的養育問題；但即使經濟無虞，孩子也成長獨立了，仍有許多人無法擺脫折磨著自己的配偶，簡直就像被犯人洗腦而無法逃脫的人質。

那些遭受言語與肢體暴力的人之所以擺脫不了施暴者，背後的原因多半出於幻想與恐懼。因為害怕與這個「表面上不關心我，內心卻在乎我」的人分開後，自己將難以生存，所以就算遭受不公平的對待，也往往選擇忍耐與妥協。另一方面，儘管施虐者可能會在施暴後道歉或說好話，「他打我之後，總會說他非常後悔，而且也很愛我，絕對不會拋棄我」，卻絕對不會放受虐者自由，因為這樣的人會透過折磨對方獲得快感。

關係出現問題時，請不要想憑一己之力解決，這並非易事。精神分析能帶給我們的安慰之一，是能與他人一同治癒與處理內心的問題。如果與戀人之間的關係混亂不堪，那麼我們需要透過其他穩定的關係，幫助自己重新審視眼前的困境。

戀愛是「異常」事件

戀愛是一種非常親密的人際關係，也是向對方敞開自己與全心全意接納對方的過程。身處愛情中，我們很可能會依賴對方，也展現無比的忠誠，甚至會因為「我是那個人的戀人」而感到自豪。

但從心理活動的角度來說，戀愛其實是一種「異常」行為：自我的運作並非處於正常階段，理解現實的功能也發生了障礙，因此經常不顧年齡、環境、學歷等背景的差距陷入熱戀；就算家人反對，甚至被逐出家門，爲了與對方廝守，仍然義無反顧。我們是如此渴望對方的愛，期盼能與他一起思考，一起感受，一起呼吸。

到這邊都還是比較單純的。如果對方無法接納這樣的自己呢？自己心裡很清楚，無論投注多少愛，對方都無法做出同等的回報，但即使如此，愛著對方的心依舊不改。戀愛就是這麼超越現實的東西。

比方說，對某人一見鍾情時，會覺得對方和自己擁有相同的感受；因爲相同，所以認爲對方一定能理解自己。但眞的是這樣嗎？還是自以爲如此？如果我們認爲彼此是一樣的，就可能會忽略兩人的不同之處；但實際上，我們多半會對這些地方視而不見。到頭來，因這些不同而產生的衝突，可能會在我們沒注意到的情況下不斷醞釀，最後爆發出來。

愛是一種充滿激情的行爲；**越是沒有獨處能力的人，越想要激情的愛**。激情的愛是一種「癮」——之所以這樣說，是因爲隨著時間推移，我們希望這分愛能越燒越旺；但同時也會產生「耐受性」，使得關係冷卻。等到關係結束後，便會出現「戒斷症狀」。

熱情的愛包括三項元素：理想化、性欲與攻擊性。墜入愛河有如魔法，而製造出這種魔法的三要素則是危險、模糊與不可預測。過分熱烈的愛就像過熱的引擎，時間越長就越危險且不穩定；溫度越高，破裂的風險越高，攻擊性與它所帶有的破壞性也越強。

英國那位「不愛江山愛美人」的愛德華八世，爲了與美國出身的辛普森夫人結婚，寧可放棄王位，這也是激情之愛的極端範例。然而這到底是怎樣的一種愛？兩人當時又抱著什麼想法？當曾經的愛德華八世變成爲溫莎公爵後，他是否過著幸福快樂的日子？要維持熱烈的愛，本身就是一項很沉重的負擔，而且不保證結局一定是好的。就像好萊塢女星凱薩琳·赫本（Katharine Hepburn）與同樣身爲知名演員的史賓塞·崔塞（Spencer Tracy），兩人的愛雖始於婚外情，卻持續了一輩子。也許這是因爲有足夠的耐心與理性，而不只是激情的緣故吧！

熱烈的愛是一種互相依存的共生關係，並意味著將自己毫無保留地奉獻給對方，但這麼做是很危險的。當我們感覺自己身處危險時，會莫名躁動起來，也會無緣無故變得不耐、焦慮、憤怒。爲了擁有一段成熟且持久的關係，我們應該多加提防，別讓內心的小波瀾有機會變成驚濤駭浪。

熱烈的愛也往往以失敗告終。在蜜月勝地，常常可見新婚伴侶表現出一副宛如雙胞胎的樣子，彼此相像，擁有心電感應——事實上，他們可能更想成爲連體嬰，與對方永不分離——但這種事是不可能發生的，「一心同體」不過是個如彩虹般虛幻的夢想。

凡是經歷過初戀的人，都能在過程中培養出同理對方的能力，也因此更了解自己，讓我們面對新的人際關係時能充滿自信；然而正因爲這分自信，才使得初戀的前景未必光明，也無法保證這段關係會持續下去：不害怕建立新的人際關係、勇敢追求新的遇見，也等於提高了與其他人相戀的可能性。注定分離的愛，往往是最深沉的，這是何等令人悲傷的矛盾啊！

所有的戀情都來自於過去，其根源皆爲初戀。重新開始一段戀情，其實就是再次尋找舊愛。**愛情是退行的，看似處在當下，事實上是回到過去。從精神分析的角度來看，所有愛情都是過去與現在的疊加造成的移情作用。**

不要拿對方當藉口

愛是自我展現，是讓對方看見毫不保留的自己。我們必須銘記，無法讓自己成長的愛情不是眞愛，而是被自己所愛的對象束縛。在愛裡成長並不自私，以愛爲名束縛對方才是。

愛是協助對方做他想做與能做的事。爲了讓彼此長相廝守，不該奪走能讓對方成長的機會。我們必須學會如何挖掘彼此的優點，並在各自獨立的基礎上培養關係。眞正的相愛，是在獲得對方認可的同時，接納自己的價值，更是互相照顧——如果只顧及對方卻忽略自己，就是不完整的愛，是犧牲自己的愛；如果只顧及自己卻忽視對方，那也是不完整的愛，是自私的愛。

不愛自己的人無法愛別人。如果你覺得一個不愛自己的人「看起來很酷」，那就要小心了，很可能會讓你掉進意想不到的陷阱。那些未曾被愛過的人既無法愛自己，更無法愛他人。愛是一門實用性的學問，必須透過不斷的實踐與練習，才能真的學會。

緣分是種不確定的東西，愛則是容易磨損的。因此，愛令人不安。戀愛的過程必然包括了開始、持續，然後是崩散。愛是兩個人從陌生到互相吸引，接著建立浪漫的情感關係，然後在結婚或同居的過程中產生爭執，愛情冷卻，直到分手。

愛不是永恆的。

愛是複雜的，不只是一種情感，還包括了欲望、好奇、自尊、占有欲等許多成分；至於愛的背面所烙印的則是「憎恨」。愛不只是思考，也是行動，更是理智的頭腦與激情之心的衝突。

嘲諷者會說：「戀人之間的關係才不是愛、犧牲、浪漫和奉獻，而是權力、性愛、金錢、欺瞞與控制。愛只是『自私的基因』的產物。」

確實，在愛情裡的人，有時會展現自己偽裝過的那一面。比如有些人會用精緻的妝容或華服來欺騙自己和伴侶，有些人則會透過炫耀以掩蓋自己本能的欲求。

為什麼要這麼做？

愛是一種讓你「必須懂得如何安慰自己」的情感，因為每個人都得接受「對方與自己完全不同」的事實。這當然不容易。因為無論是誰，都期待戀人與自己能完全契合。

不要輕易被對方的「我愛你」欺騙，也不要輕易說「我愛你」來自欺。到頭來，愛終究是為自己而做的事。

一睹婚姻幕後花絮

人們說，他們是因為愛而結婚的。他們在自以為已徹底了解對方時結婚，並因為其他人的祝賀而覺得飄飄然的。但事實上，這種感覺只能維持一下下而已。

結婚是進入另一個未知世界的過程，是人生一項極其嚴肅的決定。藉由觀察父母或其他人的婚姻生活所得到的間接經驗，無法直接套用在自己的生活上；即使希望擁有幸福婚姻，也不會自動實現，頂多只是擁有「獲得幸福的機會」。此外，與伴侶之間若沒有足夠的心理準備，很可能會讓自己一輩子都活在痛苦中，或是避免不了離婚的結局。

婚前同居的人越來越多，離婚率也日漸提高，再婚者更不在少數。依價值觀不同，有些人即使在婚後，仍會與其他人保持親密關係；有些人選擇長期交往，而不選擇法律上的伴侶關係；有些人並不想與孩子的父親結婚，選擇成爲單親媽媽……愛的形式非常多，也不一定非得是戀人才能建立親密的關係，只要雙方都對此感到滿意就好。「眞愛」之類的表述將來可能不復存在，貞操觀念也早就發生了巨大的變化：年輕女性會選擇直接向婦產科醫師請教有關避孕的資訊，而不在意眼前的男醫師問及自己過去的性經驗。貞潔不再是困惑與衝突的根源，許多人甚至認爲，就算沒有愛，也可以共享性愉悅。

重點在於，兩個人住在一起，不必然比分開生活、偶爾見面更有意義。眞正有意義的關係，是了解自己的角色、彼此關心，並對伴侶負責。婚姻總是有得有失。

問題出在人們對婚姻有種誤解，認爲「有些東西只能靠結婚獲得」。離婚率居高不下的原因之一，在於人們無法理智地處理現實與幻想之間過大的落差，要不就是雙方並未正確地理解現實，要不就是幻想太過美好。自戀的人，也往往擁有很強烈的自我意識，使得他們對婚姻的期望或想像更悖離現實，對失望和挫敗的忍受度卻有可能更低。

那麼，爲什麼人們想結婚呢？這是因爲他們認爲婚姻能帶來穩定與安全。

確實，婚姻可以滿足情感與性需求。如果有人因爲身爲未婚的大齡男子或女子而不開心，就表示他們認爲除非結婚，否則自己無法獲得安全與穩定的生活。尤其是，我們在現代生活中感受到的孤立感與不安日漸加深，許多人之所以想結婚，就是爲了擺脫這種狀態；但如果只是把婚姻當成賺取（一直以來未能得到的）愛情的手段，又會發生什麼事呢？

「穩定」不同於「幸福」。婚姻意味著創立一個新的家庭，這可能很美好，但也常常帶來極大的負擔，是一種需要花時間適應且相當沉重的慢性壓力。

第七章曾提到，美國的兩位精神醫學家爲了衡量壓力的高低，曾發表一份壓力量表，並將結婚列爲其中一項（配偶死亡造成的壓力值爲一百，結婚爲五十），可見結婚（還不是指婚姻生活喔）確實會造成人們不小的壓力。許多人會在婚前產生「跟這個人結婚眞的是對的嗎？」的疑慮；即使在婚後，這樣的疑問依然存在，只是被我們藏在潛意識罷了。

進入婚姻生活後，我們對伴侶的期望也開始產生變化，不論在範圍或程度上皆是如此，而且也越來越需要配偶在情感上給予強大的支持或同理。比方說，一個誠實不出軌的丈夫，不一定是一百分的好老公。但如果只是單方面滿足另一方的期望，那麼這樣的關係絕對算不上成熟。像這樣的依存關係建立在對「完美伴侶」的幻想上，幻想一旦破滅，關係就有可能崩潰。

如果各位在戀愛或婚姻中經常遭遇困境，也許應該試著審視一下，看看自己是否正在將自己無法控制的潛意識衝動或糾葛，投射在自己與對方的關係中。

16

你有想報復的對象嗎？

復仇是對痛苦的懺悔。

——古羅馬格言

怒火熊熊燃燒、咬牙切齒地想復仇的人到處都有。他們無論如何都無法原諒對方，認爲唯有報仇才能雪恨。

希臘神話中的特洛伊戰爭，始於特洛伊王子帕里斯在女神阿芙蘿黛蒂的協助下，誘拐了斯巴達國王米涅勞斯的妻子海倫。這場因復仇而起的戰爭以悲劇告終，許多人因此喪生。不論這一切是神的玩笑還是人類的愚蠢，重點在於：付出了這麼龐大的代價後，是否眞的就能達到復仇的目的？

事實上，世界上並不存在「完美的復仇」；如果有，那麼它應該是只給對方造成致命傷害，自己卻毫髮無傷。問題在於，內心的傷口會在爲了復仇而承受種種磨難的過程中逐漸加深，卻不能保證這麼做眞的能讓仇人受到打擊。就算運氣好，眞的成功了，對復仇的執著就像揮舞著一把雙刃劍，不但會傷害對方，也會傷害自己。

對於一帆風順的人來說，復仇的欲望源於他們認爲自己「完美的生活遭到玷汙」；對那些苦過來的人而言，報復心則可能來自「自己再次成爲受害者」。復仇心給我們一種「要是沒有一報還一報，將來一定會後悔」的感覺。倘若是一個童年時期便已滿身瘡痍，長大後又嘗到剝奪感的人，由此所產生的報復心無疑更加危險。

報復心的產生，不一定是因爲「誰對我做了什麼」。內在力量較弱的人，有時會莫名其妙地將一個本來應該愛的對象變成憎恨的目標。有時我們也會自己創造出復仇的對象，像是「不知爲何，反正就是對那個人很火大」，將內在的負面情緒錯誤地投射在某個與自己完全無關的倒楣鬼身上。所以才會發生令人匪夷所思且可怕的事件：比如在飲料中下毒、在路上隨機殺害自己根本不認識的人。儘管兇手總辯稱這是「對社會的報復」，但其實是他內心有關攻擊性的衝突未能充分解決，並以愚蠢的方式外顯的結果。

復仇是一種非常強烈且持久的情感，久久難以消失，並仰賴幻想或妄想而存在。當我們沉迷於復仇時，會因此失去在現實中審視並反思「爲什麼不該復仇」的能力。我們對待挫折的方式，以及如何喜歡或討厭一個人，決定了自己將採取怎樣的報復之道。「三歲定八十」

這句俗諺也適用於此。

若自我能在生命早期就充分滿足本我的需求，「愛」的形象就會留存在心中；反之，「恨」的形象就會深植腦海，並影響對復仇的執著程度。

由認同與嫉羨主演的復仇劇

歷史上曾有許多瘋狂粉絲襲擊名人的事件，可說是犯人在懷有認同與崇拜的同時，再加上嫉羨所演出的一齣復仇劇。

比方說，一九八〇年十二月八日晚上十點四十九分左右，披頭四的成員約翰．藍儂遭歌迷大衛．查普曼槍殺身亡。但事實上，那天稍早，查普曼才拿著藍儂與妻子小野洋子的新專輯《雙重幻想曲》給藍儂簽名。由此我們可以看到，查普曼對藍儂的認同與其復仇之間，有著緊密到驚人的連結。

眞正的復仇，是放棄報復對方，走自己的路。當所愛之人離我們遠去時，潛意識會試圖透過復仇將對方找回來，但是用這種方法是辦不到的，因爲我們不是爲了愛才重新尋回對方，而是爲了憎恨與毀滅。相較之下，更重要的是尋回並拯救這個一心想復仇、無法活出自己人生的「我」。當我們不再在乎仇人，把自己的生活過得充實而美好，這才算是眞正的復仇；至於懲罰仇人犯下的過錯這種事，就交給神靈吧！

目前爲止，寬恕一直是宗教問題，但現在已經成爲心理學的研究對象。根據所選擇的方法，我們可以消除內心的憤怒、焦慮、憂鬱、沮喪和內疚，或是讓它們一直留在心裡。這裡所說的「寬恕」，絕對不是免除對方的罪，也不是忘記對方究竟曾如何對待你，而是**將恨意或想報復的那個人從心中拋棄，藉此治癒內心傷口的過程與結果**。

想像一下，自己無法控制自己的心，復仇的欲望一年三百六十五天、每天二十四小時全年無休地牽動著內心。從精神分析的角度來看，這意味著自我、超我、情緒和現實都被本我的報仇心所綁架，導致我們難以顧及其他的事。自我在復仇欲與現實的局限之間反覆受挫，超我則不斷吶喊著道德與倫理標準。想毀滅他人的負面情緒，更是讓已經受傷的自己疼痛不已。這其實是一件很可怕的事：要是無法如願報仇，會感到自責；就算順利復仇，空虛感也會如同烏雲般籠罩在自己身上。

從戀愛的傷口流出之血所餵養的報復心，尤其難以對付；遭到拋棄的憤怒甚至有可能「至死不渝」。這讓我想起歌劇之王威爾第創作的一首歌曲〈請別靠近此墓〉中，有句歌詞是「請別靠近我的墓，這裡埋著我的骨」。還眞是個難題啊！

在精神分析中，分析師會先協助個案釋放憤怒、憂鬱、焦慮和匱乏等情緒，再幫他們解決復仇的問題。在這個過程中，當事人往往就能發現動機根本十分薄弱，但由於擔心復仇之火就此熄滅，他們反而會在連自己都沒察覺到的情況下迴避進行精神分析治療。

人們可能會花很長的時間去憎恨某人、思考如何復仇，以至於在不知不覺間變得與對方相似。在精神分析中，稱這種現象爲「認同攻擊者」（identification with aggressor）。比方說，明明討厭像父母這樣的人，但隨著年齡漸長，卻發現自己與父母越來越像；或是明明跟主管非常不對盤，但無論思考或行動，都與他越來越相似。這種情況其實並不少見。

對復仇的過度執著很可能會導致妄想。對他人所懷抱的敵意會像迴力鏢一樣回到自己身上，讓人們產生一種錯誤的信念，認爲對方對自己抱有強烈的敵意，並想傷害自己，這就是所謂的「偏執狂」（paranoia），泛指以「偏執思想」「妄想」爲主要症狀表現的精神疾病。由於這種妄想多半「於理有據」，因此旁人很難透過說服或辯駁來改變當事人；相反的，這些行爲只會強化這種錯覺。

第四個故事

處理潛意識的
五種基本治療方式

每天早上睜開眼睛時，

等待我的都是一段新的出發。

驅動我的，就是「我」，

不需要任何人的許可。

接下來，我想正式提出一些能治癒內心創傷的方法；當然，這裡所提到的，只是我們能在精神分析療法中體驗並獲益的一小部分方法而已。

精神分析師與個案相遇，持續數年時間，並以「心」為主軸，日積月累地為了改變而努力，是非常特別的一項行動，因為人們並不總是期待變化；另一方面，接受分析的個案既仰賴分析師，又渴望獲得自由。要將這樣漫長的旅程化約為有限的文字，真的非常困難。

儘管如此，我們仍相信，與其什麼都不做，不如多努力一下更好。海洋不是一口氣形成的。從遙遠高山上的一滴水開始，逐漸匯聚，才形成了廣闊深遠的太平洋。那麼，此時此刻，就算一點點也好，努力了解自己的內心不也是很重要的嗎？

17

我是否活在當下？

昨天已成歷史，明天仍是謎團，今天則是上帝的饋贈。這就是為什麼我們用「現在」（present）來稱呼「禮物」。

——瓊・瑞佛斯（Joan Rivers，美國喜劇演員）

「幾個月前，我和男友分手了，但我仍覺得心如刀割。好想見他。我討厭這麼想的自己，更討厭沒辦法忘記過去的自己……」

一個因分手而感到失落的人，是站在「過去」的人。儘管所有人都認爲自己活在當下，但事實並非如此。身處現在，卻追悔著過去、擔憂未來，並在發現自己不知不覺這麼做的時候冷汗直流。這是因爲我們深知，若能盡全力活在當下，就能擁有更幸福的生活。

但這件事沒有想像中這麼容易。人們理所當然地認爲自己擁有現在，所以總是把現在平白消耗在「只要完美地整理過去、好好規畫未來，就能變得幸福」的幻想中。

讓我們專注於當下的「正念」

現代人的當下是支離破碎的。工作時，腦中全是如何度週末；休假時，則滿腦子都是工作的事，使得我們逐漸喪失現實感。

活在當下，意味著「意識到當下」，讓自己成為內心思考的主人，不被雜念左右。這種狀態稱之為「正念」，是時刻關注心中轉瞬而逝的念頭、意象，以及身體感受的行為。

「正念」這個詞最初來自於佛教，後來被精神醫學所吸納，並用於開發各種實用的治療方式。正念其實是一種訓練，嘗試讓自己成為內心流動的主人；不去批評這些意念是對是錯，只是視它們如流水，單純地觀察並感受它。

一旦我們無法活在當下，而是執著於過去或擔心未來，憂鬱和焦慮的情況就會加劇，時間一長，就會變成後悔。但如果我們能把現在「就只當成現在」，體驗它，享受它，就能阻止憂鬱和焦慮等負面情緒的增長。

儘管生活中的煩惱成千上萬，但它們很少真的發生。在它們還沒真正出現時，就為了那機率很低的「萬一」操心不已，以至於無法享受當下，是非常愚蠢的。

如果我們能冷靜地觀察自己正在經歷的事情，而不是急忙把自尊或超我拉進來，那麼即便是糟糕的經驗，也能一笑置之；就算是遭人背叛，也只要當成「學了個經驗」就好。不過度思考，才能讓自己自由。

已經過去的事無法改變。越是回顧過去並爲此追悔，越是浪費時間。若是因爲沉迷過去而浪費現在，只是徒然讓後悔變得更大、更沉重，陷入惡性循環。

但有些時候，理智明明很清楚知道這樣不好，卻還是忍不住這麼做，這其實是潛意識所導致的。潛意識讓我們追悔過去，恐懼未來，並將現在發生的事與自尊、自卑，以及他人對自己的評價連結起來。

當我們發現很難專注於當下時，可以注意一下自己的呼吸；走路時將注意力放在腳掌心的觸感及步態也很有幫助；用餐時，不妨仔細品嘗並享受眼前的食物或美酒。這些都是樂在當下的方法中最最基本的。

擺脫過去

被時間追著跑的人生毫無幸福可言。在許多忙碌的職業中，最具代表性的就是醫師。醫師多半有種覺得自己「被時間追著跑」的職業病，他們的步伐總是匆忙，吃飯總是吃得很趕，而且往往不是很受歡迎的用餐同伴，因爲就算在最浪漫的環境裡，他們吃飯的速度也是別人的兩倍快。但越是被時間瘋狂追趕，越有可能成爲名醫。醫術若是高明，患者當然會很高興，但醫師本人卻不會因此感到快樂。有句話是這麼說的：「照醫師所說的做，不要像醫師所做的活。」

我們以爲自己活在當下，但事實並非如此。人們藉由過去的經驗組成框架，掌握並判斷眼前的事物；問題出現時，也會透過這個框架試圖解釋。但如果它根本派不上用場，又怎麼能期望它妥善解決事情？因此，我們需要一個更有用的框架。要做到這點，就必須擺脫過去，用現在的眼光來看待現在。

各位認爲精神分析中的對話是什麼樣子的？

許多人的想像是這樣的：個案依時序一一詳述自己的人生故事，再由分析師予以組合，說些「因爲你的過去如何如何，所以現在的你才會是這個樣子」之類的話。

事實上，完全不是這麼回事。

在精神分析中，焦點不是過去，而是聚焦於「現在，此刻」。分析師會引導個案將注意力放在「自己在眼前的這個空間所講述的故事」上；如果分析師刻意挖掘個案過往經歷的話，那八成是新手。

當我們「現在」說著自己的故事時，就會自動與過去建立聯繫。強行挖掘個案的過往，是浪費時間且失職的行爲。用過時、扭曲的眼光來解釋現在，或是用未正確理解現在的觀點來解釋過去，無疑都是錯誤的。「爲什麼我現在要對分析師說這些？」或「爲什麼現在不說這些？」之類的問題，必須從彼此的立場、當下的時間與空間來理解，否則就無法正確地理解過去。而這就是所謂的「深入探索潛意識」。

18 用自己的話說

精神官能症無法忍受歧義。

——佛洛伊德

「很會說話」跟「把話說好」是完全不同的兩件事：「很會說話」指的是口才好，「把話說好」則是指坦率傳達內心想法的能力。

坦率表達並不容易。因爲開口前，我們會在心裡對自己等一下要說的話進行編輯。如果認爲這些話可能讓人覺得尷尬、危險或有害，自然不會說出來，而是將它們放在心裡。

第一章曾經提到，在潛意識、前意識與意識之間，有著負責審查和篩選訊息的「檢查哨」。如果想坦率地說話，就需要短暫關閉心裡的檢查哨，並對自己的情感坦誠。

比方說，遭遇悲傷的事情時，任誰都會傷心，但感受到「傷心」可能導致自尊受損，於是我們開始討厭自己對這種情緒有反應，或是試圖消除它，甚至否認與壓抑它。但事實上，企圖消除某種情緒，表示我們非常在意它；而過分在意某種情緒，則會讓它變得更強烈。

這就是爲什麼當我們被悲傷席捲時，很難好好用言語表達出來的原因。

遇到令人傷心的事情時，感覺悲傷是理所當然的。唯有接納這種情緒，才能讓自己從悲傷中獲得解脫。

悲傷、痛苦、憤怒等都是我們自然而然就會感受到的情緒。當它們冒出頭時，會暫時待在我們身邊一段時間，等到「保存期限」過了就會消失，也就是所謂的「消化」。因此，就這樣接納它們吧；而接納，也不代表必須同意或支持所發生的事。

正確的爭吵？

爭吵，意味著言詞之間的碰撞。剛開始時，兩人之間的話語衝突可能微不足道，但隨著參與其中的字句越來越多，情緒之火也越燒越旺。

正確的爭吵是「有始有終」的，否則就是一個不斷循環的迴圈，講過的話題一再出現，火勢還會蔓延到不相干的地方。比方說夫妻吵架，要是丈夫對妻子說出「你跟你媽眞的很像」之類的話，最好立刻道歉，別再開啓新的戰場。這是因爲兩人的對話已經「脫軌」，隱藏在潛意識裡的衝突導致自己說出與當下毫無關係的話語。

在爭吵的過程中，如果覺得自己已無法再獲得任何好處，就不要再說話了。反覆說著同樣的話，只是徒然令話語貶值，應該像律師一樣，策略性地使用語言；另一方面，就像委託人必須付費，才能讓律師開口，當對方試圖激怒我們時，只要無視對方就行了。

最重要的，是放下「對方會輕易同意我的意見」的幻想。不管是誰，都會期待他人無條件地理解並同意自己的想法，但這是不可能的，畢竟每個人都不一樣，觀點不同也是理所當然的。因此，最好的解決辦法就是盡早結束爭吵。若是兩人關係融洽，可以設定一個時間，例如「不留隔夜仇」之類的；有需要的話，也可以制定違反規定的處罰。隨著時間過去，我們可能會發現：當爭吵停止後，反而有機會更了解彼此。要是爭執不斷持續下去，就很難有這種機會。

接受批評的方法

沒有人喜歡遭受批評。聽到負面意見時，心裡就像有根刺扎進去似的，如果能把這些貶低的話語變成對自己有用的東西，那就太好了。

既然如此，我們就來想想該怎麼做吧。

首先，試著不帶情緒地接納這些批評。接著，肩頸放鬆，慢慢地深呼吸，好讓超我別出來搗蛋——當然，用說的比較容易，實際做起來可不簡單。

遭到批評時，我們之所以很容易就會生氣，是爲了要保護自尊心，才會讓內心的防衛機制迅速啓動。我們可能一邊聽著對方的話，一邊在心裡碎念：「才不是這樣！爲什麼要這樣對我？」接著，腦中浮現過去曾發生的事，像是把成績單拿回家時，被父親責備的記憶。這些回憶可能讓你連結到某些想法，例如「即使長大成人後，我仍是讓雙親失望的壞孩子」之類的。這使你對他人的批評過度反應，就像煮沸的水一樣，不斷往上衝。

那麼，這時候該如何應對才好呢？

最重要的是要有意識地避免啓動防衛機制。不要辯駁，就算心裡在吶喊：「這不是眞的！」也請耐住性子。另一方面，我們可以說：「我知道了，我會思考一下，下次再告訴你我的想法。」所有的解釋都之後再說——如果你覺得這麼做比較好的話。

接納批評時，請用平靜的表情和一點點微笑，仔細聆聽對方的話，適度總結整理後，再回饋給對方。這種做法有點像是重複播放，表示自己確實聽進並理解了對方的話。對方感受到誠意後，態度上或許就不會再那麼刻薄，也不至於長篇大論。總結對方的話並「重播」，不表示我們同意對方的話，而是因為如果不這麼做，對方往往會停不下來。

接下來，請找個時間好好思考一下對方批評的內容。不是去想「自己到底說了或做了什麼才導致爭吵」，而是客觀思考吵架的內容；也不要糾結「誰用什麼方式說了什麼」，忘掉這些細節吧，否則很可能會讓自己困於埋怨之中，反倒無法聚焦在內容本身。重要的是審視內容是否正確，倘若內容正確，那麼對方的批評應該就有七〇％是對的。

沉溺在沮喪、憤怒、煩躁與埋怨等情緒中，無法將批評轉化為成長的助力並加以運用。情緒受損的持續時間不宜過長，一、兩天就夠了，在這段期間內，可以在自己的房間裡大聲咒罵，或是在洗澡時順便朝空中揮個兩拳。然後，冷靜下來，問自己以下三個問題：

一、批評中，有多少是正確的？

二、以前是否聽過類似的批評？

三、接受這些指謫後，如果想要改變自己，應該丟掉什麼？

相反的，當我們必須批評他人時，則應該注意以下三點：

一、每指出一項缺點，就要搭配一項優點，好降低對方的抗拒感。
二、將焦點放在客觀的事實，以緩和對方感受到的衝擊。
三、關於問題到底出在哪裡，先讓對方有機會說明；仔細聆聽後，再說出自己所認爲的具體問題所在。這麼做可以軟化對方的態度。

別忘了，在批評的同時，也應該自始至終表現友善的態度，這樣可以減少兩人之間變得尷尬的可能性；如果對方眞的做出改變，請適時給予鼓勵或獎勵。

看見自己的位置

人們始終害怕關係破裂，但這種恐懼對我們想維護的關係毫無助益。因此，儘管困難，我們仍該勇敢地向對方表達自己的想法。

精神分析必須以個案的自由聯想爲動力，才能發揮力量。分析時，不要篩選內心浮現的事物，也不要對它們進行價值判斷，應該盡可能坦誠地告訴精神分析師；另一方面，分析師也應努力傾聽個案的話，不做價值判斷，這樣才能產生自由聯想。如果想成爲一名精神分析師，在獲得證照前必須接受教育分析，以減少內心的陰影。

想像一下，假如自己是一位精神分析師。面對個案時，如果採取的不是中立的態度，而是試圖批評對方的職業、家鄉、宗教、社會觀、政治立場……並強硬地要求對方接受自己的觀點，各位認為會發生什麼事呢？

同樣的，如果我們以不中立的態度面對自己，要了解內心就會變得困難重重。為了療癒內在的痛苦，我們首先要知道自己站在什麼位置，並學會用自己的話來說明自己的事，而不是用別人的話。

19

別再對自己說謊

自欺欺人是毫無意義的。

——易卜生

「我畢業於所謂的頂尖大學，但我對目前的工作不太滿意。我的同學都在大企業上班，我卻做著非常無趣的工作。爲什麼我們的差別這麼大？主管的『頻率』也跟我完全不合。一想到自己一輩子都要跟這些人一起工作，就覺得沮喪萬分。但我需要這份薪水，沒辦法放棄現在的工作，所以我決定微笑面對，彷彿這是我最佳的選擇。

「可是從某天開始，我突然變得不像自己：心裡有種揮之不去的空虛感，一直讓我很困擾。我不確定這樣活著的自己到底是不是眞正的自己。」

萌生這種感覺時，該怎麼辦才好？

別再當好人

只有在自己的欲望獲得認可時，人才會覺得自己存在。我們需要向他人表示自己的需求，也應該知道如何要求他人；無法獲得滿足時，偶爾也應該視情況允許自己表達不滿。但身爲成年人的我們，又眞的能拿誰怎麼辦呢？

「爲什麼只有我在付出？其他人也應該滿足我的需求才對。就算拒絕別人的請求，也不是什麼罪大惡極的事，爲什麼就是做不到？」

直到許久之後，我們才發現：當一個好人是要付出代價的。而當我們拿出勇氣改變自己的行爲後，不但內在的感受跟著發生改變，其他人也開始尊重我們——要是能早點知道這件事就好了！

改變的確很令人害怕。「眞的可以照自己喜歡的方式行動嗎？萬一造成其他人的困擾，或是被別人討厭的話，該怎麼辦才好？」但當我們找回人生的主導權、能用自己的「聲音」說話時，我確實認爲每個人都有權利以自己想要的方式生活。

許多人可能會欺騙自己，將「別人想要的我」誤認爲「自己想要的我」。

「一進辦公室，就先觀察主管的臉色。就算問主管：『要來杯咖啡嗎？』對方也愛理不理的。我覺得今天最好把皮繃緊一點……」

對許多上班族來說，這就是我們的每一天：「眞正的我」與「僞裝的我」之間的戰鬥。事實上，「眞正的我」並不是打從出生就存在的。出生後十八個月至二十四個月，人類才會開始發展自我意識，而直到那時，孩子才會知道浮現在內心的想法或感受都是「我的」，也會開始努力尋找並守護「眞正的我」。

進入青春期後，人們更執著於尋找「眞正的我」，更仔細地區隔什麼適合自己，什麼不適合自己；在朋友或名人、穿著打扮、興趣嗜好或食物等方面的喜惡也變得非常明顯，有時甚至會發生與不同明星的粉絲俱樂部之間爭執。

青春期也是人們開始積極投資「未來的我」的時期，例如選擇自己的主修或想從事的職業。但這不是件容易的事，因爲未知的道路上總是充滿挑戰，有時甚至看似一場有勇無謀的冒險。原本在知名大學攻讀前景看好的學科，結果卻突然改變主修；畢業後雖然進入人人稱羨的大企業工作，卻突然辭職，到國外一間名不見經傳的小餐廳開始學習烹飪……這種故事屢見不鮮，是因爲人們希望透過這樣的過程，讓「眞正的我」獲得成長。

進入中年，「我的風格」變得更加明確。在這段時期裡，人們會重新評估目前爲止所做出的諸多選擇是否代表了「眞正的我」，並試圖修正。到了老年，有些人會對一直以「僞裝的我」活著而感到悔恨，然而時間似乎已不允許自己改變了。在生命的最後一個階段，如果人們能滿足於以「眞正的我」而活，那就再好不過了。

現在的你到底是誰？

人生在世，「眞正的我」會不斷對「僞裝的我」說「這樣活著是不對的」；而「僞裝的我」也會不斷反駁：「在這個世界上，毫無保留地向他人展現出自己是危險的，多少都需要一些僞裝。」至於夾在中間的「自我」，只能左右爲難，完全不知道該怎麼辦才好。

要讓「眞正的我」變成「僞裝的我」，最簡單的方法就是改變外貌。醫美手術變得如此普遍，不僅僅是醫學技術發展之故，更是因爲有許多人認爲，只要改變外表，連內心都能產生變化。

問題是，潛意識是無法透過手術改變的。有些人在接受醫美手術後，會產生心理層面的副作用，這是因爲「我知道的自己」「我想成爲的自己」與實際映在鏡裡的「透過手術改變的自己」產生了衝突。另一方面，不管外表看起來變得多年輕，實際年齡永遠不會改變，反倒使得這種「必須看起來年輕」的想法與行爲成爲內心沉重的負擔。

當然，「眞正的我」並不總是美麗的，但是眞的假不了，假的眞不了，當我們強迫「我知道的自己」變成「全新的自己」，卻對新形象不滿意時，就會讓人感到憤怒和沮喪。

另一方面，也不是所有醫美手術都會強化「僞裝的我」。有些人因爲面部缺陷長年飽受自卑之苦，藉由醫美手術，能讓他們忘卻痛苦的過去，迎接全新的開始。像這樣的手術，可說是現代醫學送給「需要復原的自己」一分最棒的鼓勵。

至於那些平時就堅持以「眞正的我」面對世界的人，他們不太關心別人如何看待自己；就算遭人蔑視，仍默默活用自己的優勢，一步步走出自己的路；縱使內心受傷，也不至於愚蠢地自毀，而是堅守本心，努力克服所有困難。他們不會在意他人的評價，堂堂正正地過著目標明確的生活。這樣的人不會活在幻想裡，比任何人都更了解自己，也清楚知道自己的能力、動機、情感與行動。面對自己的弱點，他們既不否定，也不指責，而是願意接納與包容。不管別人怎麼說，他們都會採取符合個人價値觀及願望的行動。

相反的，「僞裝的我」是覆蓋在「眞正的我」外面的一層人造外殼。一旦習慣了這種狀態，要剝除這層僞裝、找到眞正的自己，就會變得越來越困難。

要怎麼知道現在的自己是眞的，還是僞裝的那個？

舉個例子，你覺得自己是內向者還是外向者？要斷言「一定」屬於哪一種好像不太容易，因爲每個人其實都是混合型的，就像硬幣必有兩面一樣；視情況不同，我們可能表現得外向或內向。因此，要了解自己爲何採取這樣的行動並不總是容易。除了別人眼中的你、親近的人看見的你，還有只有自己知道的你，以及連自己也不了解的你。

之所以存在「連自己也不了解的自己」，是因爲我們試圖隱藏不願爲人所知的願望、欲求、幻想、嫉妒、執著與怨恨——要是讓別人知道了，我們會覺得不自在，使得有部分「眞正的我」就這樣潛伏在潛意識裡偷偷活動。

話雖如此，要知道現在的自己是否爲「眞正的我」，還是有方法的。當我們隱約感覺到「這不太像我」時，就是一個徵兆。**這種莫名其妙、「好像哪裡怪怪的」或是不舒服的感覺，就是帶自己走向「眞正的我」**的暗示。

「眞正的我」與「僞裝的我」之間的差距過大時，我們會覺得人生有如空轉的齒輪，應該感受到的連結感消失，與現實世界之間彷彿斷了聯繫。

倘若我們一直以「僞裝的我」活著，卻突然發現「眞正的我」是什麼模樣時，可能會令人欣喜，也有可能令人痛苦；正因爲會覺得痛苦，也爲了避開這種感受，我們才會把「僞裝的我」推出去面對世界。然而從長遠的角度來看，能發現「眞正的我」仍比以前好上一百倍。

堅守「眞正的我」

即使一時遭到壓制，「眞正的我」終究還是會發出強大的吶喊。爲了找到「眞正的我」，有時需要採取一些困難的行動：有位因心理創傷而變得極度肥胖的女性，爲了找到「眞正的我」，決定接受胃切除手術；有些人無懼於批判的目光，坦然表達自己的性別認同；還有些人儘管遭到家人強烈反對，仍堅持改宗，信仰自己想信仰的宗教。

守護「眞正的我」需要誠實，但誠實有時會讓我們陷於不利，有時也需要付出代價。當我們展現實在的自己時，可能會被別人討厭，甚至遭到背叛。即使如此，誠實仍是「眞正的我」的能量來源。

若想保護「眞正的我」，需要時刻細心並謹愼做出選擇，避免陷入必須一直看別人臉色的狀態。比起渾噩度日，這種生存之道顯得費力許多，有時也需要放棄日常中的「小確幸」：比方說，儘管與衆人一起笑鬧很開心，但事後可能會覺得空虛的聚會，應該盡量減少。尤其這樣的聚會多半是在他人背後說長道短、拿別人的不幸取樂，雖然能滿足虛榮心，卻有如嚼口香糖，甜味很快就消失，只剩下發痠的下巴，還會讓用來攝取內心養分的「牙齒」被磨損。

倘若過度意識到他人的期待，並試圖迎合，就會失去以「眞正的我」立身處世的立場；在最糟的情況下，自我有可能因此改變。即使有可能被別人討厭或拋棄，但爲了保護自己，我們必須聆聽「眞正的我」從內心深處發出的聲音。

當然，這並不容易。比如年幼時未能充分獲得母愛的人，經常會因爲渴望愛而過度在意他人對自己的看法。他們往往執著於「僞裝的我」，拚了命地迎合他人，好讓自己持續受到對方的關注。但這種生活方式是脆弱且不可靠的。這樣的人認爲所有關係都應該「看起來」很完美，然而由於缺乏內在的交流，使得關係總是虛有其表。

「僞裝的我」有時也會扮演「隱形斗篷」的角色，掩護那個還不夠強大的「眞正的我」，避免被別人發現。這樣的保護確實能讓「眞正的我」有機會成長茁壯，直到有足夠的力量來面對生活中的挑戰；但如果一直處在保護狀態下，那麼儘管自己活著，卻也不是眞的活著。

以「僞裝的我」活著，與透過自己被賦予的角色來適應社會或組織是兩回事：爲了做好工作而扮演某種角色，跟把自己完全變成「另一個我」是完全不同的；就像蘋果與地瓜，雖然都會出現在餐桌上，但蘋果是水果，地瓜是主食。

當「僞裝的我」力量過分強大時，將會壓制「眞正的我」而成爲主宰，讓內心陷入不穩定。「僞裝的我」是爲了適應和生存，「眞正的我」則是爲了成長而存在的。當他們開始競爭時，「僞裝的我」就會吸收「眞正的我」的養分、妨礙其成長，讓我們覺得無力與窒息。

如果「僞裝的我」成爲主宰

那麼，該怎麼才能知道自己是否已成爲「僞裝的我」的奴隸？

有些症狀能幫助我們判斷：無法集中注意力、腦中一片混亂；覺得羞愧、憂慮、悲觀、空虛、猶豫不決；變得固執、喜歡獨處、無法忍受批評並因此發怒、自私、傲慢、不相信人，也無法愛人。要不就是獨來獨往，要不就是走到哪都要呼朋引伴（但其中沒有眞正的朋友），也無法平衡工作、娛樂和休息，更無法從長遠的角度來審視自己的生活。

曾在生命早期受過傷害的人，容易受到「僞裝的我」的誘惑。他們試圖藉著華麗的僞裝掩蓋不願回想的過去。他們不想記住受過的傷，也不想思考傷害的意涵。

要找到「僞裝的我」很容易，要找到「眞正的我」卻是道阻且長，也需要勇氣；必須經過長時間跋涉、越過渾沌之海，才能隱約看到眞正的入口就在海的另一邊。此外，整理建構在「僞裝的我」之上的破碎人際關係，也會帶來相當程度的痛苦。

儘管困難重重，一旦靠近「眞正的我」，所有的一切都會重整。當「眞正的我」成爲人生的主人時，內心能量的使用效率也會變得更好，因爲我們不再需要防衛自己免於他人攻擊。相較之下，維持「僞裝的我」的防禦需要極大的努力，必須不斷注意內心的縫隙，努力讓自己看起來無懈可擊，卻陷入永無止境的戰鬥。

爲了逃避空虛，「僞裝的我」總是想方設法對人生吹毛求疵。他們總是過分緊張和焦慮，沒有餘裕享受平穩安寧的生活；如果一切都沒問題，他們還會覺得無聊。因此以「僞裝的我」爲生命主宰的人，常常緊抓著身邊的瑣事不放，用抱怨來打發時間。

「僞裝的我」雖然覺得與他人爭吵很麻煩，卻又會爲此感到開心，因爲這樣可以確認自己的存在。哪怕沒有所愛之人——甚至就算是討厭的人，「僞裝的我」也需要跟這些人在一起；還常常透過奇特的裝扮、出人意表的行爲，或經常變換髮型來吸引周圍的注意。換言之，「僞裝的我」總是乞求著他人的關注。

相形之下，「眞正的我」擁有獨處的能力，即使周圍環境發生變化，也不會失去自我；「僞裝的我」就不是這樣了，當自己依存的對象離開時，他們會受到巨大的衝擊，就像必須攀附在別人身上的奴隸。

「僞裝的我」將人們視爲物品，當成滿足個人欲求的工具，因此無法建立有意義的關係。他們能從人際關係中得到的，唯有痛苦、不幸和疲憊。

在包容裡卸下防備

在「眞正的我」與「僞裝的我」的問題裡，影響最大的是依附關係。當依附關係如同風中殘燭般不穩定時，人類就無法健全成長。爲了不失去父母的愛，孩子會不擇手段地滿足父母的期望，並在這個過程中放棄守護「眞正的我」。到頭來，他們既沒有學會表達自己的方法，也沒有學會如何與他人相處，就像有隻蟲子啃食著名爲「自我」的蘋果似的。

對年幼的孩子來說，最重要的是什麼？答案是對母親的信任。孩子總是相信母親會一直在身邊，只要自己遇到困難，母親一定會伸出援手。但如果孩子在年幼時與母親所建構的不是信賴，而是不安的話，長大後就很難建立穩固的人際關係：遇到危急狀況時，如果連母親都不願幫忙，又怎麼可能相信別人會對自己伸出援手？

此外，若曾被戀人拋棄，會在心裡留下很深的傷痕，進一步削弱對他人的信任。出於類似的恐懼，這樣的人不容易與人親近，也難以擁有廣闊的交友關係。

渴望父母讚美的人即使在長大後，對自己的言行舉止是否正確仍然缺乏自信。他們的自我價值感並沒有隨著年齡增長而成長，成熟的外表下，是貧弱的內在，使得脆弱的自我總是處在恐懼中，因爲他們知道自己無法承受「世界」這座海洋所帶來的風暴。

因此，人們在脆弱的自我周邊建立起各種防衛機制——用古老的精神分析術語來說，就是「性格盔甲」（character armor），這是佛洛伊德的學生威廉・賴希（Wilhelm Reich）所提出的，意指爲了保護自己、獲得他人認同，以防衛性的性格壓抑個人情感或欲求。一旦觸碰到這層盔甲，別人就會覺得自己是堅硬、無法隨意對待的。雖然這層盔甲非常沉重，但爲了生存，我們別無選擇；事實上，我們多希望有人能包容這個脆弱的自我，幫助自己成長，如此一來，就能脫掉這層盔甲。但要找到這樣的人，比摘下天上的星星還難。傷害自己的人就像海邊的石頭般不可勝數，如果沒有盔甲，自己早就負傷倒地了。所以直到今天，我們仍把自己藏在盔甲裡，藏在「僞裝的我」裡面。

遇到這樣的個案時，精神分析師會怎麼做呢？分析師會幫助個案的脆弱自我在不受傷害的情況下安全成長。在分析過程中，也會努力提供支持的環境，聆聽個案的故事，不批評，也不偏袒，並嘗試解釋這些故事中的涵義，以幫助個案逐漸擴展看待內外世界的視野。至於讓個案感到痛苦的人際問題根源，則會透過揭示並分析與分析師之間的移情關係，達到梳理和解決的目的，從而幫助個案克服舊日創傷，朝新的關係邁進。

面對自己與他人時，請始終牢記「支持的環境」。只有在這樣的環境下，潛意識才會現身，而這樣的環境也是讓我們卸下性格盔甲、找回「眞正的我」的第一步。

20 別祈求原諒

沒有愛，就沒有寬恕。
此外，沒有寬恕，也就沒有愛。

——布萊恩．麥克吉爾（Bryant McGill，美國作家）

在所有人際關係中，最可怕的是那種只想控制別人，卻沒有愛的關係。即使在沒有奴隸制度的二十一世紀，我們仍站在奴隸與自由人的邊界上。那種只想控制卻沒有愛的關係是冷酷、感受不到親密的，對方不但不鼓勵我們去做自己想做的事，還會干涉我們的行動，剝奪自主選擇的權力。

更狡猾的是，對方有時會親密地擁抱我們，有時卻會冷淡以待，讓人陷入混亂，不知道該如何是好，並讓我們在不知不覺間成爲對方的奴隸。

都是我的錯？

許多對子女動粗的父母會不斷說：「爸媽是因爲愛你，才會這樣對你。你應該感謝父母，努力成爲一個好孩子。」年幼的孩子因爲年紀還小，無法判別這種話到底是對是錯，只知道如果不照父母的話去做，就有可能失去父母的愛。這種感覺令人恐懼，他們別無選擇。

所以儘管對成人來說，這些都是顯而易見的謊言，但孩子們只能對這些話抱著半信半疑的態度——疑的那一半裡，則有自己拚命隱藏、對父母的憎恨。如此一來，「我愛的父母」與「我恨的父母」各自深深烙印在心中，而沒有整合成完整的父母形象。就建立人際關係來說，孩子心裡「好父母」與「壞父母」的形象衝突，將會造成深遠的影響。

長大後，即使脫離了父母的束縛，人們仍會不自覺地將自己與父母的關係複製到其他人身上，導致再次受傷——即使後果明顯可見，仍如同飛蛾撲火，不斷投身另一次傷害中。這都是潛意識的力量：試圖透過新的關係，彌補童年時未能從父母身上獲得的關注、認同與愛。但這種做法，就像一心想考高分，卻忽視基礎一樣，終究徒勞無功。

當關係問題反覆出現時，會讓人變得憂鬱，並將所有責任歸咎在自己身上。自我貶低、認爲自己毫無價值、自暴自棄，覺得自己變成怎樣都無所謂；就連死亡亦無所懼，因爲死掉的不是「我」，而是「爸媽的孩子」，所以毫不在意，藉此報復父母。

深埋心中的「壞父母」會不斷低語：「我們那麼在乎你，也一直在幫你，不是嗎？所以如果還是有問題，那就是你的問題。」成長過程中遇到的壞人也是這樣，利用別人、搶走別人的一切，還說著一樣的話。

但爲什麼我們會一再被騙？

因爲如果不把它當成事實的話，心會很痛。

所以寧可承認自己遭到別人的欺瞞與利用，寧可相信自己有問題，也不願接受父母很糟的事實。

最後，爲了得到自己一直尋求的關注、認同和愛，我們順從並忠誠於惡人；即使他們辱罵、毆打、搶走自己的一切，也無法離開，仍小心翼翼地待在他們身邊。就算出了什麼問題，我們也會告訴自己「都是我不好」，繼續憤怒與傷心。

就算眞的都是自己的問題好了，我們也必須先原諒自己，重新審視自己。只有自我鼓勵，新的生活才有可能在眼前展開。

試圖從他人的眼光來看待自己、尋求他人的寬恕以解決自己的問題，只會令人沮喪。如果我們仍是「沒有對方的鼓勵就無法行動」的奴隸，全新的人生就會逐漸離我們遠去。

舉例來說，倘若自己有個總是批評、強迫孩子接受其價值觀的父親，那麼我們需要從改變內心的父親形象開始，變成能認同、讚美、關愛並面帶微笑的模樣，否則自己將永遠是個「不夠好的孩子」，餘生都得活在內疚和沮喪中。如果能接受精神分析，將更有助益。

什麼是「原諒」？

確實，任誰都會想報復讓自己痛苦的父母或朋友，但復仇只會浪費自己的生命，並以徒勞告終。相較之下，原諒實然的自己，就能讓人生變得幸福。

請思考一下：我們都是成年人了，早就不需要父母或其他人的認同；儘管我們的人生一直與他們息息相關，不過是時候取回生命的主導權了。就算遭到拋棄或獨自生活會讓人覺得害怕，仍比活在束縛中更幸福、安全。不要爲了逃離父母而內疚，既然他們一直以來無法給予自己需要的愛，未來也不必期待他們什麼。父母也是人，我們只要理解和諒解他們就可以了，接下來就走自己的路吧！

有時我們會向他人敞開心扉、請求寬恕，帶著「對方應該會原諒我才對」的想法，將難以啓齒的事和盤托出。但對方和你我一樣，都是不完美的人，沒有能力眞的原諒另一個人。

這時，即使對方嘴上說「我原諒你」，也不要完全相信；要看他的行動，而不是言語；畢竟行爲是騙不了人的。

無論如何，關於請求原諒，對方要不就是一直爲了原諒與否而苦惱，要不就是打從一開始就沒有意願或能力去原諒，而不是我們一提出請求，對方就答應。有光必有影，「原諒」也不例外，所以不要過分執著於他人的寬恕，更別說是神明的。

祈求別人的寬恕，事實上是藉此讓自己能原諒自己的行爲；換言之，重點不在於對方能不能原諒我們，而是我們能否原諒自己。無論如何，對方的原諒與否，決定權在他身上，不要因此讓自己變得更痛苦，更不要誤以爲「變得痛苦就是懲罰；既然受到了懲罰，所以就能得到寬恕」的想法。

對精神分析師來說，閃現於現實世界中的外在眞實（outer truth）不重要，個案所感受到並說出的「內在眞實」（inner truth）才重要。精神分析不是爲了審判或寬赦而存在的，其目的在於細心傾聽個案的內在眞實，並協助個案進行內在與外在眞實的整合與清理。

各位知道於二〇〇一年坎城影展獲得金棕櫚獎的義大利電影《人間有情天》嗎？主角嘉凡是一位精神分析師，與妻子及兩個孩子過著幸福的日子。某個星期天早上，他突然接到緊急要求看診的電話。爲此，他延後了與兒子安迪去慢跑的約定，沒想到就在這段時間內，安迪不幸於海邊喪生。

陷入絕望的嘉凡不斷責備自己的選擇，讓他無法再如平常那樣聆聽個案的故事、幫助他們。他無法進行精神分析，常常發火，甚至推開個案，與愛妻的關係也漸漸惡化。關於兒子的死，他無法原諒自己，不斷自責，更無法擺脫悲傷與憤怒。就在嘉凡完全無法維持他身爲精神分析師、丈夫與父親的角色時，一名自稱是安迪的朋友、但不知道他已死的女孩闖入了嘉凡的生活。在電影的最後，嘉凡終於能夠原諒自己，並重新看待這個世界。

這是一部探討死亡、失落、後悔、悲傷、內疚和哀悼的電影。而正如影片所告訴我們的：**原諒無法從別人那裡得到。當你願意拯救自己時，你才有可能開始治癒潛意識的創傷。**

21

善用幻想與夢境

當夢境看起來非常瘋狂的時候，
才是最有意義的。

——佛洛伊德

人生在世，無法忽視幻想與夢境的作用，它們是讓我們得以忍受現實的力量。在白天，我們可以透過幻想，將現實中的自己提升至有如君王的高度；到了夜裡，則透過夢境實現我們的願望。

所謂的幻想，是指「毫無現實基礎或可能性的虛妄想法」，代表隱藏在內心深處的欲望。比如描寫知名女演員與平凡上班族之間的浪漫戀愛劇，其實也是劇作家內心幻想的產物。幻想的力量比我們想像中還要大。能讓我們前進或後退的，不只是現實生活中發生的事，腦海中產生的幻想，也會對我們的人生軌跡產生巨大的影響。

夢境則是通往潛意識的通道。雖然要在日常生活中接觸到潛意識並不容易，但夢境、幻想、口誤或失言，都是潛意識的展現。

自人類有史以來，夢境一直是我們好奇的對象。如同潛意識，佛洛伊德也對夢境進行了深入且有系統的研究，並在一九〇〇年出版的《夢的解析》一書中，詳細說明潛意識如何展現在夢境裡。佛洛伊德說：「夢境是通往潛意識的道路。」至於這個「道路」是高速公路、四線道，還是未鋪設柏油的崎嶇山路，全看夢境分析者的本事了。

「顯夢」與「隱夢」

「自己正走在路上，卻被一名素未謀面的中年男子纏上了。由於他年紀比我大很多，所以我想盡辦法避開他，以免招惹麻煩。沒想到正要閃過他時，他竟然絆倒我，還揍了我一拳。我掙扎著爬起來後，朝著他啐了口唾沫，便離開了那個地方。」

做夢的人所記住的稱為「顯夢」，那麼原始版本的「隱夢」又是什麼呢？原版的隱夢可能是這樣的：

「自己匆匆忙忙走在路上，突然遇到了父親。父親嚴厲地問我：『這麼晚了還不回家，跑哪去了？』我突然覺得很不爽，想反問父親：『明知道家裡經濟狀況不好，爲什麼還要一天到晚出去喝酒？』但我忍住了，沒有說出口。沒想到父親還是搧了我一巴掌，打得我眼冒金星。我多想痛毆父親一頓，不過我還是緊咬著嘴唇，忍住了。」

夢境是潛意識與現實經驗合作的結果。像是「昨晚，父親用冷淡的目光看著我」之類的日常小刺激，會喚起沉睡在潛意識裡的古老記憶和欲望，爲夢境做好準備。另一方面，身體在睡眠時的感覺也會成爲夢境的素材。比方說，入睡時若感到飢餓，就有可能發展出受邀參加盛筵的夢。

剛完成的隱夢無法直接進入意識世界，因爲夢裡如果包括令人尷尬或不道德的內容，很容易就會觸發警報、被「檢查哨」攔下來。因此，潛意識會編輯隱夢的內容與形式，好讓它們符合意識世界能承受的標準。比方說，在夢中大罵或毆打父親是不道德的，於是便把父親轉化爲「陌生中年男子」，把「痛毆父親一頓」轉化爲「啐了口唾沫」。這就是所謂的「夢工作」（dream work），與防衛機制有關。

就像爲了通過電影審查，必須事先編輯那些含有暴力或色情場景的內容一樣，將隱夢的內容和順序加以整理、壓縮，使其成爲一個合理的故事。就這樣，通過了檢查哨的夢境，成爲人們醒來後被記住的「顯夢」。

在精神分析中，夢境的解釋是透過反向追溯夢的製造過程來進行的。就像「解壓縮」一樣，從顯夢的解碼開始。爲此，必須了解做夢前後的自由聯想內容，並觀察個案對夢境的情緒反應。畢竟顯夢是經過編輯的，要了解其原始內容，必須花很多工夫。

如同佛洛伊德爲了了解自己而長期分析夢境，我們也可以在床邊放置紙筆，每天記錄自己所做的夢。當夢境紀錄逐漸能與現實事件或經常浮現心頭的想法建立聯繫時，我們就能更接近自己的潛意識；當然，這需要相當的努力與持之以恆。

來自幻想與夢境的偉大發現

歷史上許多偉大的發現，都與人類的內在精神活動有很大的關連。最典型的一個例子發生在一八六五年，德國化學家凱庫勒（Friedrich Kekulé）發表論文，提出了苯環的結構式。他說這項發現是由一個夢境引發的：他夢見有條蛇銜住了自己的尾巴。同樣的，一九三六年獲得諾貝爾生醫獎的德國科學家奧圖．羅威（Otto Loewi）發現，人體的神經細胞會透過化學物質來傳遞訊號，而這也是根據他在夢中所見的實驗方式操作後的結果。

如果各位認爲幻想或白日夢不過是浪費時間，請聽聽以下這個故事。

有「推理女王」美稱的英國傳奇推理小說家阿嘉莎．克莉絲蒂出生於一八九〇年，父親是美國人，母親是英國人，在家中排行老么。她是公認能與莎士比亞比肩、英國最暢銷的作家之一，其作品已被譯成至少五十六種語言，在文壇的地位至今不墜。

阿嘉莎的童年是個充滿幻想的世界，比起和其他孩子一同玩耍，她更喜歡花費大量時間獨自思考或玩拼圖，這讓她自然而然養成了散步時自言自語的習慣；一回到家，她會馬上將這些想法記下來，以便日後寫成文章與小說。

即使是無法透過感官認識的事物，人類仍能以幻想與夢境的力量拓展認識的範圍；藝術家和作家更是經常利用它們的力量。據說，披頭四成員保羅．麥卡尼曾在夢中聽到美妙的旋律，後來他用這個旋律寫成了一九六五年發表的歌曲〈Yesterday〉。因此，不論是幻想或夢境，都不會是浪費時間，而是借助潛意識的力量所進行、寶貴的知性活動，能幫助我們解決某些問題。

精神分析尊重所有的幻想與夢境。分析師等著個案訴說自己的夢，時而積極提問，並試圖將自己聽到、發現和理解的內容回饋給個案。各位不妨偶爾試著回想自己的夢境，它可能會帶給我們許多有價值的訊息，或給予我們心靈上的安慰。

後記　釋放受困的心

二十一世紀的焦點無疑是心靈。內心的流動影響著身體。隨著醫學的進展，要治療身體上的問題相對容易，但內心的紛擾卻仍難以解決。儘管有許多有效的藥物，但光是依靠藥物來控制內心的狀態，仍不是安全的做法。換言之，目前還沒有能完全滿足需求的方法。

每個人的心，都需要另一顆心的擁抱與理解，心病唯有心藥醫。如同跌倒時膝蓋會受傷，心有時也會受傷流血。但它流出的血是什麼顏色的呢？沮喪、憂鬱、憤怒、恐懼又是什麼顏色呢？

有限的生命無法逆轉地流逝而去，時間的流動與自己的生命軌跡也不總是一致。過去彷彿一首由後悔寫成的變奏曲，未來則充滿令人不安的和聲，沉重地懸在頭頂上；至於現在，有時覺得它流動得非常緩慢，有時卻飛快得令人嘆息。

生活令人疲憊。在時間一分一秒的流逝中，儘管認為只要踏實地踩穩每一步，就算是再險峻的道路，終能抵達目標，但這並不總是容易接受的，因為焦慮不安總是如影隨形。

人生在世，有時會覺得自己彷彿被固定在不幸的命運中，不論再怎麼努力，都無法擺脫。不論是透過精神分析或自我分析，如果能讓內心變得平靜，與他人的關係也能變得更好的話，便意味著本我、自我與超我的交流變得更順暢、更自由，也表示心中的結終於解開，心因此更寬廣。

內心一口氣擴張的體驗有時會突如其來，彷彿冰水潑在臉上。在驚訝與困惑之餘，我們很可能會因為感到羞愧或自責而立刻否定這種體驗。要是無論如何都無法接納這種經驗的話，我們甚至有可能變得憤怒。

人類之所以害怕改變，是因為我們既想變得更好，卻又害怕改變帶來的不確定性。要想眞正獲得覺悟，首先必須對自己誠實，還要從平常就培養接受眞實的勇氣。

我們常說「自己的事自己最清楚」，但事實上並非如此；我們既對自己一無所知，想懂別人的心更是難上加難。若想了解自己，就必須掌握內心的動態；了解他人也是如此。當巨大的陰影盤踞在心頭時，無論要理解自己或他人的事，都會變得更困難。以精神分析師為目標的人，必須接受多年的分析治療，以減少心中的陰影；如果不這麼做，就無法眞正懂自己的心，更遑論接受分析的個案。

一如身體失血過多會致命，心要是流血不止，我們就會失去自我。我們必須仔細推敲出血的原因，找出淌血的傷口在哪裡，並且小心醫治。那些長年堆積在心裡的「血塊」需要一點一點除去才行，不能隨便拿起手術刀就想一刀兩斷。我們必須耐心地化解它，了解其成分與形成過程，如此一來，才能眞正做好清理，並防止復發。

如果我們能了解內心這片海洋，人生就能變得更豐富，視野也會變得更寬廣。

本書是以讀者的視角所寫的，書中所提到的「我」或「我們」之中，都有各位讀者的蹤影；而撰寫本書的我，既是作者，同時也是讀者。透過閱讀讓心發生改變不是簡單的事，每個人內心的流速、廣度和深度都不同，也各有其接受事物的方式，但我仍希望本書能在某種程度上對各位的生活有所幫助。如果我們無法成爲自己心靈的管理者，這顆心就很可能成爲他人的俘虜；而在我們了解自己的內心之後，就可以在這裡培養自己的夥伴。

事實上，精神分析的思維已經深入我們的生活中：包括文學、史學、哲學、美學、社會學、政治學、經濟學、教育學、心理學和精神醫學等，而在文化、建築、藝術、體育等方面，精神分析也產生了重大影響，至今仍在持續。

即使沒有嚴重的精神疾患，若有諸如過度害羞、太想惹人注意、給自己過大壓力、用工作麻痺自己、凡事配合他人、敏感玻璃心、難相處、對人際相處沒有興趣等問題，都是各位在躺椅上接受精神分析的好理由。

精神分析常被誤解成專注於探索過去的療法。

不過，請各位一起想想看吧：過去、現在、未來，自己最了解的是哪一個？

執著於過去，並認爲現在發生的事應該仍與過去相同，只會令我們裹足不前。任何人都會爲了過去的事感到後悔，這是因爲現在所明白的正確解答，是當時的自己不理解的。在過去的經驗中，或許有什麼是我們眞心希望能改變的，於是，人們常執著於過去，幻想「如果回到那時候，一定可以做得更好」。唯有明智之人，才不會受過往束縛、活在從前。

受過去束縛所帶來的人生副作用十分顯而易見。一想到過去，眼前的現在就會被遺忘，能好好活在當下的時間自然也會減少；已逝去的現在累積成過去，又導致後悔的總量逐漸增加。荒蕪的現在，讓未來變得更黯淡；對黯淡未來的擔憂，則使當下變得更脆弱。

差不多該停止沉湎於過去，忠實地活在當下了。

＊　＊　＊

當然，說起來容易，要實際付諸行動卻不是那麼簡單。這是因爲潛意識有一股強大的力量，將人們困在過去，這是過往糾葛造成的空轉，就像困在泥巴裡的車子，無論再怎麼踩油門，都無法前進，徒然浪費能源。一整天不斷煩心這個、擔憂那個，難以整理思緒、心神混亂的結果，讓我們無法朝任何方向前進，痛苦也隨之而來。

人類活在主觀的世界裡，而我們的心就像籠子裡的寵物鼠一樣。被困在籠裡的寵物鼠吃著飼主提供的食物，日復一日地在滾輪上無止盡奔跑，從沒想過要衝出籠外，探索廣闊的世界。**過去不會改變，但我們可以改變看待過去的視角，這就是精神分析的作用。**如果心裡的那隻寵物鼠能反思自己不必要的重複行爲，並爲了獲得新的體驗而找尋新的道路，牠的「鼠生」就能徹底改變。

要步上這條道路並不容易，需要勇氣；就像在濃霧瀰漫的山林中找路一樣令人害怕。在不確定的狀態下，任何人都會覺得危險，但既然是全新的事物，又有什麼是完全確定的呢？重新出發，本身就是一件令人驚異的事。

每天早上睜開眼睛，就有全新的開始等待著我們，只是我們沒發現而已。別以爲自己需要誰的允許才能展開新的旅程，除了自己，沒有人會告訴我們「出發吧，這樣才會成功」。如果只是等待別人伸出援手，無疑是白白浪費時間。

恐懼始終是我們展開新旅程的阻礙。但就像我們看到路上有障礙物時會直接繞過它一樣，只要無視就可以了。有恐懼，並不意味著一定會遇到可怕的事。所以，衝破恐懼的迷霧，勇往直前吧！

就算新的開始以失敗告終，也不代表人生就此結束。重新出發，意味著新的人生將在自己面前展開，只要還活著，隨時都能重新開始。但遺憾的是，許多人放棄了這項人生的特權。

任何人都有他降生於這個世界的理由。我們常說，出生是爲了追求幸福，而幸福的組成是這樣的：

首先，要有足夠的休息，才能有充沛的精力與清晰的思緒。保持情緒平穩，才能感覺快樂，並有助於建立良好的人際關係。身體健康很重要，因爲它能讓你充滿元氣，不必事事依賴他人。要做出正確的選擇，不要重蹈覆轍。付出努力與專注，去做自己眞正想做的事。妥善的時間管理，有助於使身心舒適與平靜。定期保留一段時間給自己，好好面對自己的心，並設計自己想要的身心狀態，經常追求正向的改變。

最重要的，是擁有內在心靈的自由。

希望每個人都能更自在地與潛意識靠近，尊重它，並透過探索它，讓自己更有創造力。希望每個人都能擺脫「自己的事，自己當然最了解」的成見，重新發現自己，並進一步對周遭人們的潛意識抱持興趣、深化對他人的了解。

如果這麼做能幫助各位構築更好的人際關係，將是一件令人萬分欣喜的事。

精神分析並不是為了確保個案絕對不會出現病理性反應，
而是為了讓個案能自由掌握自我，以便做出選擇。

——佛洛伊德

附錄1 與精神分析學家的對話

——本書是一本越讀越讓人覺得內心被看透的書。仔細想想，我真的不知道怎麼好好跟自己說話。我想方法應該有很多種，但哪一種才有用呢？

首先，找個安靜、安全的地方。接著，想像一下你進入自己的內心——閉上眼睛會更有幫助——開始與自己對話；如果旁邊沒有人，可以大聲說出來。具體來說，焦慮時，就說說自己的焦慮；沮喪時，就談談自己的沮喪；自卑時，就聊聊自卑。將這些情感或情緒擬人化，能讓對話變得更容易。

——讀完本書後，我開始思考自己的行動是不是負面的。如果真是這樣，那我該怎麼改正？

重要的是先認識到自己採取了哪些負面行動，以及它在什麼意義上是負面的。意識到這一點後，再去找解決方案。

負面行動之所以存在，必定有它的理由，而且是長期的。別硬是要求自己「絕對不能做負面的事」，而要找出它的根源，再小心地挖掘出來。一旦知道了理由，就能改變自己的行動，讓它變得更有意義。

——這本書打破了我對佛洛伊德的許多偏見。比方說，佛洛伊德認為所有問題都與性有關。身為一名專業人士及研究者，如果請您用一個詞來形容佛洛伊德的心理學，您會說什麼？

事實上，佛洛伊德的精神分析學可以用「衝突心理學」來概括。衝突是人類一生的伴侶，從出生到死亡，它始終陪伴著我們；其中有難以忍受的，也有可以忍受的。當我們出現嚴重的精神症狀時，表示心裡的某個角落與另一個角落發生了我們沒注意到的衝突；因爲衝突帶來了不安，防衛機制才會被觸發，好安撫自己的心。表現在外，就是令人痛苦的精神症狀。

爲了能過著更美好、更沒有痛苦的生活，我們必須探索衝突發生的循環、理解它的意義，再重新調整才行。這樣的程序，就是佛洛伊德的精神分析。

——有不少讀者表示，「讀完這本書後，我開始重新看待自己」。如果人生確實需要像這樣的「心之學習」，理由是什麼？

我們無法挽回過去，卻有可能重新改寫。透過學習關於「心」的種種學問，我們可以從新的角度去看待自己的人生，用過去與現在的人生設計出一個更健全的未來。這樣的行動可以透過文字、寫作和對話來完成，卻不是借助藥物、手術或放射線來進行，不覺得這樣很神奇嗎？

——所謂的精神分析師，就是坐在躺椅旁聽個案說話的人。請問您曾躺在上面接受精神分析嗎？精神分析一定要在躺椅上進行嗎？

精神分析躺椅是精神分析師的標誌，雖然椅子的形狀、材質、顏色有可能依分析師的喜好而有所不同，但功能是不變的。當人們躺在躺椅上時，身心都會放鬆下來，進入一種輕微的退行狀態。透過這種方式，就能好好進行在精神分析中不可或缺的「自由聯想」（誠實地將自己想到的所有想法或感受告訴分析師）。

在成爲一名精神分析師的訓練過程中，有很長一段時間，我每週要接受四次教育分析學家的分析。

——精神分析是每個人一輩子至少應該做一次的事嗎？還是只針對某些疾病與問題？

當心裡生病或有煩惱時，當然可以進行精神分析；想透過精神分析反思自己的人生、提升創造力，也是沒有問題的。在較早引入精神分析的國家裡，接受分析還曾一度蔚爲流行。許多名人、電影導演、演員、小說家、詩人、作家、畫家、科學家……各行各業人士都曾接受過精神分析。

——接受精神分析時，個案有可能為了隱藏內心的感受或傷痕而說謊。在這種情況下，分析師要怎麼進行治療呢？

信任，是精神分析師與個案之間建立關係的前提。因此，說謊跟吃飯一樣熟練的人並不適合進行精神分析；話雖如此，每個人都有可能爲了保護自己，而隱瞞某些難以對外人道的生活片段。當這種「阻力」出現時，我們會使用相關技巧去分析並理解它，好讓治療能順利進行。像是抗拒分析（analysis of resistance）、防衛分析（analysis of defense）或移情分析（analysis of transference）等，都在現代精神分析中占有重要地位。

——遇到那些被自己的創傷嚇到，而無法洞察內心的人們時，您會給這樣的人什麼建議？

創傷就像一場意料之外的車禍，不是我們自找的，因此，我們必須擺脫「自己也要負起責任」的幻想與自責。創傷是需要找出原因並解決的事，而不是指責、處罰或攻擊的對象。請不要害怕，面對它，解決它。

——隨著時間推移，佛洛伊德最初創立的精神分析學在理論和技術上都有了許多變化，大致上來說有哪些呢？

精神分析學的特徵與優勢之一，是即使在創立者過世後，後世學者仍不斷進行許多不同的研究，充實這門學科的內容。即使直到二十一世紀，仍有些學派光是憑著「原欲」這項觀點，便對精神分析學窮追猛打。事實上，這只是佛洛伊德的衆多觀點之一，而這種做法也是不合時宜的。

現代精神分析學在理論與技術上皆已發展成熟，也大幅超越佛洛德生前所提出的「本我心理學」，轉向包括了安娜．佛洛伊德與哈特曼所主導的「自我心理學」、由梅蘭妮．克萊因和英國精神分析學家所主導的「客體關係理論」、科赫的「自體心理學」、史蒂芬．米契爾（Stephen A. Mitchell）主導的「關係學派精神分析」及「互為主體性理論」、比昂（Wilfred Ruprecht Bion）與拉岡的理論、約翰．鮑比的「依附理論」……

預計將來應該還會發生更多變化，而這種活躍的變革性，將使精神分析學的世界變得更加寬廣、深入。

——聽起來，精神分析好像是一種很特殊的療法；但是在讀這本書時，又覺得像是在讀自己很熟悉的內容。為什麼會這樣呢？

之所以會這樣覺得，是因爲精神分析涉及所有人內心的普遍要素，像是欲望、需求、衝突、不安、憂鬱、防衛等。另一方面，說到精神分析讓人覺得很特殊，那是因爲它以具體且特定的方式面對潛意識所擁有的力量。精神分析是一種非常實用的方法，它不只有理論解釋，也透過各種技巧的運用，帶領我們接近廣闊且難以觸及的潛意識領域。

——在某些瞬間，我會被連自己都不太理解的那一面嚇到。有沒有什麼方法可以像這樣，讓我看到自己隱藏在潛意識之下的不同面向嗎？

「自己也不知道的自己」，通常是指由於某種原因，使得被潛抑的部分從潛意識中浮現出來。這種時候，確實會讓人想更接近潛意識一些。了解潛意識的方法有很多，其中之一是記錄自己的夢境；更簡單的方法，則是探索自己時常沉浸其中的幻想世界。

每個人都一樣，我們不時會做些白日夢，或有些天馬行空的想法，這個世界就是我們潛意識的展現。如果能仔細且持續地觀察自己的幻想世界，應該就能更加了解自己是什麼樣的人吧！

——我很難誠實地對家人、朋友、同事或同學表達自己的感受，真的很辛苦。為了讓自己更坦率，我該怎麼做才好？或是應該具備什麼樣的心態呢？

與人相處時，將自己所有的想法坦誠以告眞的是一件好事嗎？我想未必如此；有時候，隱藏自己的感受反而比較好。

然而，當你想坦誠卻無法坦誠時，背後一定有理由，知道這件事也很重要。可能是因爲你害怕別人的反應，甚至是報復。我們應該時時牢記，如果無法好好傳達自己的想法，別人就難以眞正理解我們，甚至有可能帶來誤解。

——有些時候，我很難控制自己的情緒，有時還會說出傷害其他人的話。可以教我如何平息不安、憂鬱、迷惘或嫉妒等情緒嗎？

不安、憂鬱、迷惘或嫉妒等情緒未必一定是負面的。首先我們要知道的是，突如其來的情緒化發言除了會傷害他人，最後也會傷害自己。爲了避免衝動的言行，我們需要控制好自己的情緒。

要想做到這一點，我們必須先確定自己當下的感受，並思考爲什麼會有這種感覺；接著，試圖找出並理解它的涵義，最後才是用言語把它表達出來。

對於良好的人際關係與社交生活來說，「情緒管理」是非常重要的。我認爲，透過精神分析對自己的內心進行探索，將有助於把情緒管理做得更好。

（此部分爲在韓國出版後，作者對讀者提問的回應）

附錄2

給想更了解內心的你——建議書單

了解隱藏的自我

《診療椅上的謊言》，歐文．亞隆 著

本書是一部心理懸疑小說，生動且尖銳地描繪了精神分析師在治療患者時所發生的各種內心戲。作者歐文．亞隆是美國當代最活躍的精神分析學代表人物，同時也是以《生命的禮物》《一日浮生》等作品而聞名全球的暢銷作家。

在書中，精神分析師分析個案的內心，企圖幫助他治癒，但個案卻試圖用虛假的故事愚弄分析師，並展開引人入勝的心理遊戲。最後，分析師仍成功地治癒了個案。

作者將個案撒謊時可能引發的各種情節編織在故事裡，生動描述精神分析師與個案之間的互動，讓人覺得自己就是在躺椅上接受分析的個案。只要是對心理治療感興趣的人，這部作品是深入精神分析領域前絕佳的熱身選擇。

《擁抱陰影》，羅伯特·強森　著

「不敢相信自己竟然還有這一面！」本書是基於深度心理學理論，研究潛伏在人類內心的黑暗面——陰影——的心理分析書籍。所謂的陰影，指的是內心令人不悅、羞愧或難以接受的部分。

根據本書的說法，我們天生所具備，卻不見容於社會的特質將會變成陰影；它們不會消失，而是累積在內心的角落。當這些特質累積過多時，就會產生獨特的能量；一旦能量過高，就會導致難以控制的破壞性行為。本書主張，我們所經歷的焦慮、懶散、憤怒和沮喪，都是陰影的惡作劇所致。

作者以易於理解的方式說明了陰影的形成機制與對付它們的方法，並強調，只有面對自己的陰影，才能獲得充實的人生。

《我們內心的衝突》，卡倫·荷妮　著

一位非常重視孩子的母親，竟忘了孩子的生日？一位認為婚姻是「人生重要任務」的女性，卻害怕認識對象？一位對他人寬大為懷的人，卻對自己異常嚴格？本書以精神分析為主軸，介紹許多像這樣表裡不一的分裂性格，並探討有關精神疾病的成因、傾向與治療方法。

根據本書所言，我們常在不知不覺中經歷強烈的情緒衝突，這是由「基本焦慮」（basic anxiety）所導致的，它指的是孩子因父母的愛過多或不足所產生的焦慮，而且孩子會形成自己的一套因應方式來緩解。

作者將這些因應方式分為三種：走向他人（順從型）、對抗他人（對抗型）和避開他人（疏遠型）。順從型的人需要不斷獲得他人的認可與贊同，不敢堅持自己的主張，也不敢批評他人。對抗型的人會反抗那些無法滿足自己需求的他人與世界，並透過強烈的競爭意識來減輕焦慮。疏遠型的人會先拒絕反抗自己的養育者，但後來又會排拒他們；他們經常希望獨處，避免與他人建立情感聯繫。

事實上，每個人都具備這三種傾向，但問題在於我們無法自由選擇，並覺得自己被迫「比較像」其中一種。對於受心理困擾所苦的現代人來說，作者的結論十分值得我們深思：

「生活在無法解決的衝突中，將極度消耗人類的能量。不僅是衝突本身，還有了為擺脫衝突而進行的各種扭曲嘗試。拋棄那些在年幼時習得的神經質傾向吧，唯有如此，我們才能發揮自己的潛力。」

了解潛意識的創傷

《為何主角都是你？》（*Why Is It Always About You?*，暫譯），**桑迪．霍奇基斯**（Sandy Hotchkiss）**著**

身邊總有些人覺得自己是世界上最特別、最優秀的人。他們只看得見自己，總是堂而皇之地索求特別的愛、服從與崇拜。對於那些只顧個人自尊而踐踏並蔑視他人的人，如果我們受他們左右，甚至玩弄，人生就會變得無比悲慘和艱難。

本書以精神分析理論爲基礎，記錄了作者在該領域的豐富臨床經驗。作者將不健康的自戀描述爲：僞裝成無恥的羞愧、肆無忌憚侵犯他人界線的自私、貶低他人的傲慢、表現爲無故蔑視的嫉妒、扭曲現實的奇怪思考、無休止的剝削與自我滿足等七項特徵。並在全書最後提出了四種對付這些自戀者而不受傷的策略，主張「溫和堅定，不正面衝突」。

《好心情：新情緒療法》（*Feeling Good*，暫譯），**大衛．柏恩斯　著**

本書是銷售超過三百萬冊的暢銷書，被美國精神醫學家們評選爲治療憂鬱症的最佳自助書籍。在過去，憂鬱症被視爲一種情緒障礙，但包括柏恩斯博士在內的認知行爲療法專家們認爲，憂鬱症源於扭曲的自我認知。對自己的負面想法會產生滾雪球效應，讓憂鬱者體驗到4D情緒：失敗（defeated）、有缺陷（defective）、被遺棄（deserted）和被剝奪（deprived），不但認爲自己毫無價值，還視爲絕對眞理。因此，只要不斷改正自己的想法，直到擺脫這種扭曲的自我認知，就能擺脫憂鬱，恢復健康的自尊。

本書基於一項簡單的信念：憂鬱症能透過一些提升心情的簡單方法獲得有效的治療，並提出許多調節日常情緒的技巧。

順帶一提，在一項研究中，將憂鬱症患者分成兩組，其中一組閱讀本書一個月後，不僅症狀有所改善，有些患者的憂鬱症狀甚至完全消失。

《父與女，母與子》（*Vater-Töchter, Mutter-Söhne*，暫譯），維瑞娜·卡斯特 著

父親與母親對一個人有多大影響？本書透過童話故事和實例梳理了八種子女從父母身上遺傳來的情結，並進行分析。但本書也提醒我們，理解一個人需要多元、綜合的思維，因爲一個人的自我不只是許多個性的「拼接」，而是各種相互作用的結果。

本書對精神分析有極大的貢獻，身爲世界著名精神分析學家的作者，透過對母親情結的詳細分析，重新審視了並再次確立了女性在精神分析這門父權色彩濃厚的學科中的地位。

給在人際關係中受傷的你

《給靈魂一巴掌》（*Ohrfeige für die Seele*，暫譯），**芭貝・瓦德斯基**（Bärbel Wardetzki）**著**

誰能安慰被打了一巴掌的靈魂呢？本書揭示了我們在日常生活中經常遭遇的內心創傷，除了分析其成因，並提供了擺脫它的方式。作者認爲，心靈受傷的原因有很多，比如認爲一切都與自己有關、相信別人想傷害自己的心理投射、將別人的認同當成自己生存的意義等。這種創傷若得不到解決，往往會在心裡留下傷痕，並再次引發問題。

本書透過完形心理學的方法，讓我們正視內在的創傷，藉此學會以不同的角度看待事物。本書基於發展心理學、宗教學、精神分析等領域的見解，鼓勵所有人坦然面對內在傷痕，學習尊重自己、與他人建立關係。

《好到不想走，壞到不願留》（*Too Good to Leave, Too Bad to Stay*，暫譯），**蜜若・柯珊保**（Mira Kirshenbaum）**著**

本書是爲那些「留不住」「捨不得」的人而寫的忠告。雖然本書的主要讀者是戀人或已婚者，但它也間接地告訴我們，面對生活中各種「不上不下」的關係時該採取什麼態度。

作者認爲，如果一直留在既無法延續，又無法跟對方攤牌的矛盾中，只會讓幸福白白溜走。作者一貫的論點是，如果一定要繼續一段感情，那就趕快走出遲疑，努力挽回；如果一定要離開，就別再欲走還留，去尋找更好的幸福。本書透過心理測驗幫助讀者審視自己目前所處的關係，並包含了許多實際案例，告訴讀者如何分析、診斷與面對自己的人際關係。

《滿足的發現時刻》，賴瑞．艾胥納、米奇．梅爾遜 著

本書分析了爲什麼擁有再多，卻仍感到不滿足的心理。世界上，有些人在經歷無數失敗與衝突後，仍然心滿意足；也有些人儘管達到了自己的目標，卻仍心灰意冷。

兩位作者將人們長期感到不滿的因素歸爲七大類：絕望的憂鬱，讓人們止步不前；完美主義，讓人們無法容忍對方的缺點；代罪羔羊情結；無法信任他人，導致對自己的強迫性依存；無法感受到快樂；左右日常心情的無聊與焦慮，以及比較情結等。

作者得出的結論是，滿足感與成就或擁有無關。對於那些即使成功了，也感覺不到快樂、擔心自己擁有的一切皆是虛假的人來說，本書不啻是一帖良藥。

讓潛意識更加成熟的指南

《真我》（*The Real Self*，暫譯），**詹姆士．馬斯特森**（James F. Masterson）**著**

本書探討了人類發展出眞實自我的過程，認爲當嬰兒在成長過程中遭遇創傷時，會形成虛假的、膨脹的或萎縮的自我。爲了達到眞正的成長與自我實現，我們必須擺脫這些僞裝，顯露出「眞我」。

作者在書中列出了眞我的十項功能，包括能自發性並愉悅地深入體驗各種情緒、活化並維持自我、撫慰痛苦與哀悼悲傷、選擇畢生事業並爲之奉獻……等。

書中還講述了許多因虛假自我而罹患精神疾病的案例故事，對於任何想更廣泛了解個人弱點、超越二元對立視角的人來說，本書絕對值得一讀。

《心靈地圖》，**史考特．派克　著**

本書是一部探討人性、傳統價值與靈性成長的書籍，爲現代人的靈性迷失提供了指引。本書出版於一九七〇年代中期，但直到一九八三年才登上《紐約時報》暢銷書榜，之後也成爲最長銷的暢銷書之一，甚至登上了《金氏世界紀錄》。

本書以著名的開場白「人生是艱難的」開始，相較於那些充滿樂觀未來與無限幸福的勵志書，本書充滿各種悲觀的主題，例如浪漫的虛幻、人性的邪惡、精神疾病與作者的心靈危機等。

作者認爲，只有完全的「克己」與「節制」，才能解決所有問題；只有具備延宕滿足能力的人，才是心理上成熟的人。然而，這本描述了許多人性故事的書也告訴我們，眞正踏上靈魂成熟之路的人寥寥無幾。

「爲什麼要選擇一條艱難的道路？」倘若有人這樣問，那麼這本書可能不適合他們；但對那些認爲奉獻與責任乃自我實現之基石的讀者來說，他們有機會成爲像史考特．派克博士這樣的人，站在智慧的山丘上。

《水往低處流，人往高處爬》（*Where People Fly and Water Runs Uphill*，暫譯），**傑瑞米．泰勒**（Jeremy Taylor） **著**

這是一本藉由夢境探索潛意識智慧的書。《塔木德》將夢境稱爲「來自上帝的情書」，認爲它具有神聖的意義；榮格則將夢概括爲宇宙智慧生物所發出的訊息。作者是全球夢境解析的權威之一，他認爲夢境不只是一趟潛意識世界的奇妙之旅，也是理解我們過去與現在各種問題的關鍵所在。

本書記錄了許多透過夢境重新認識自己並改變人生的故事，為閱讀增添了許多樂趣。舉例來說，有位女性透過夢境的暗示，發現自己罹患癌症並及時挽救生命；一名神學院學生因為一個簡短的夢境而改變了自身命運。此外，本書也就如何從夢境中得到更豐厚的收穫提出了實際建議，包括如何回想夢境（維生素B群有用！）、如何使用夢境日記、解夢的基本原則、如何理解夢中象徵的普遍性意義……不論是常常做夢或宣稱自己從未記得夢境的人，本書都將為讀者打開全新的視野。

Eurasian Publishing Group
圓神出版事業機構
用心與你對話・視野無限寬廣
究竟出版社
Athena Press

www.booklife.com.tw
reader@mail.eurasian.com.tw

心理 083

佛洛伊德的椅子──化解內在衝突，隨身必備的情緒調節書

作　　者／鄭道彥（정도언）
譯　　者／陳姿穎
發 行 人／簡志忠
出 版 者／究竟出版社股份有限公司
地　　址／臺北市南京東路四段50號6樓之1
電　　話／（02）2579-6600・2579-8800・2570-3939
傳　　真／（02）2579-0338・2577-3220・2570-3636
副 社 長／陳秋月
副總編輯／賴良珠
責任編輯／林雅萩
校　　對／林雅萩・張雅慧
美術編輯／林雅錚
行銷企畫／陳禹伶・林雅雯
印務統籌／劉鳳剛・高榮祥
監　　印／高榮祥
排　　版／莊寶鈴
經 銷 商／叩應股份有限公司
郵撥帳號／18707239
法律顧問／圓神出版事業機構法律顧問　蕭雄淋律師
印　　刷／祥峰印刷廠
2023年11月　初版
2024年4月　3刷

定價 380 元　　ISBN 978-986-137-416-1

Printed in Taiwan

接受過去確實造成某些重大影響，
但也要學會接受「你的現在，是過去自己的未來」。
你或許無法馬上改頭換面，徹底變成不一樣的人，
但你今天就能開始改變自己，好讓你最後能有不一樣的表現。

——亞伯．艾里斯、羅伯特．哈珀，《理性生活》

國家圖書館出版品預行編目資料

佛洛伊德的椅子：化解內在衝突，隨身必備的情緒調節書／鄭道彥（정도언）著，陳姿穎 譯
-- 初版 -- 臺北市：究竟，2023.11
272 面；14.8×20.8公分 --（心理：83）
ISBN 978-986-137-416-1（平裝）
1. CST：佛洛伊德（Freud, Sigmund, 1856-1939）
2. CST：學術思想　3. CST：精神分析學
175.7　　112015557